AF600168

LA POTESTAD LEGISLATIVA

DE LA

IGLESIA CATOLICA

DISERTACION

Presentada a la Facultad de Sagrados Cánones de la Universidad Católica de América, en opción al Grado de

DOCTOR EN DERECHO CANONICO

POR EL

PBRO. JOSE SERVELION CORREA,

S. T. L. y J. C. L.

De la Arquidiócesis de Yucatán, Mex.

WASHINGTON, D.C.

1925.

173,324

Nihil Obstat:

THOMAS J. SHAHAN,

Censor Deputatus.

Washingtonii, D. C., die 22 Maii, 1925.

Imprimatur:

MICHAEL J. CURLEY,

Archiepiscopus Baltimorensis.

Baltimorae, die 18 Maii, 1925.

INDICE.

PRIMERA PARTE

SEGUNDA PARTE

PREFACIO

Siendo una obligación impuesta en los Estatutos de esta Universidad Católica de América a todo el que pretenda recibir el grado supremo en la Escuela de Leyes Canónicas, presentar un trabajo en el cual se reflejen sus conocimientos jurídico-canónicos, en observancia de disposición tan justa, tengo la satisfacción de ofrecer a la Honorable Facultad de Derecho Canónico, la presente Disertación que versa acerca de la escabrosa materia de "La Potestad Legislativa de la Iglesia Católica".

Al elegir un tema de Derecho Público Eclesiástico para la formación del presente trabajo, no he tenido otro móvil que el de dar a conocer la importancia del estudio del Derecho Canónico para la sociedad moderna y en especial del Tratado de la Potestad legislativa de la Iglesia a la que tanto se ha calumniado y sobre la que se han aventurado aseveraciones tan poco meditadas como injustas.

El Sacerdocio católico, depositario único del Poder de la Iglesia bajo sus distintas fases, no llenará cumplidamente su altísima Misión, si no tiene perfecto conocimiento de la naturaleza, extensión y ejercicio de este Poder que el mismo Dios le ha conferido y cuyo gobierno le está encomendado. Es también un deber suyo, la defensa de sus derechos y prerrogativas. La mejor arma para entrar en la lid contra los enemigos de la Iglesia de Jesucristo, es el conocimiento pleno del Poder soberano de que está investida para dictar sus Leyes, esas disposiciones sublimes, esos sapientísimos Cánones olvidados por unos, menospreciados por otros y desconocidos por un gran número, pero que sin embargo, según las palabras del Santo y sabio Obispo de Hipona (De libero arbitrio), "tienen su fuerza y su justicia en la Ley eterna, cuyo principio mas general es, que todo esté conforme con el orden más perfecto".

No tengo la pretensión de haber llevado a cabo un trabajo acabado en la materia, pues los pocos talentos de que el Supremo Hacedor me ha dotado, no me han permitido hacer mas de lo que a mis débiles fuerzas era lícito; pero confiando en la benevolencia de mis respetables Profesores y amados condiscípulos en la Facultad de Derecho Canónico, sin temor alguno abrigo la esperanza de que será de su aprobación y que por otra parte, disimularán de buen grado los defectos que en ella pudieran encontrar, en atención a las razones ya expresadas y a mi buena voluntad de cumplir con la mayor exactitud posible con los ordenamientos Universitarios.

Washington, D. C. Mayo 18 de 1925.

JOSE S. CORREA.

La Potestad Legislativa de la Iglesia Católica.

PRIMERA PARTE.

INTRODUCCION.

I.—PREAMBULO.—A la manera que en todo Estado o Sociedad civil existen necesariamente dos órdenes de ciudadanos, unos que mandan y otros que obedecen, así también en la Iglesia Católica fundada por Jesucristo N. S., encuéntranse dos elementos constitutivos: los que enseñan y gobiernan y los que escuchan y obedecen. Los primeros componen la Iglesia **docente** y se llaman pastores, sacerdotes: en una palabra, constituyen la Jerarquía eclesiástica; los segundos, componen la Iglesia **discente** y se denominan fieles o laicos: y en sentido místico, el rebaño de Cristo, sus ovejas.

El fin propio y directo de la Iglesia, o el objeto que se propuso el Salvador divino al instituirla, es que los hombres alcancen la salvación eterna de su alma. No hay cosa que con más evidencia se desprenda de los santos Evangelios y de todo el Nuevo Testamento; y por otra parte, jamás la Iglesia ni teórica ni prácticamente se ha atribuido otro fin distinto de éste, como lo atestigua la Historia. No cabe duda que ha contribuido no poco al bienestar temporal de los individuos y aun de las naciones; pero esto para ella, es tan solo un efecto indirecto aunque natural de sus celestiales doctrinas.

Teniendo en cuenta este fin del todo sobrenatural, puede decirse que la Iglesia es una sociedad espiritual, una sociedad de almas. Con idéntica razón puede decirse también que la Iglesia es una sociedad visible y corporal. En efecto, cuando quiere hablar al alma, hácelo valiéndose de los órganos corporales; los medios que emplea como la predicación y los Sacramentos, son medios corporales y sensibles; la autoridad que la gobierna en nombre de Jesucristo, es una autoridad física y visible.

II.—LA IGLESIA ES UNA SOCIEDAD PERFECTA.—La Iglesia Católica es una sociedad perfecta en sumo grado. Llámase sociedad completa o perfecta, la que en sí misma posee todos los medios necesarios para alcanzar su fin. Para que una sociedad sea perfecta, se necesita: 1°. Que de ningún modo entre como parte de otra sociedad cualquiera; así una sociedad financiera que se compenetra con el Estado, sería forzosamente una sociedad incompleta.—2°. Que no tenga un fin directamente subordinado al de otra sociedad; la sociedad militar o sea el ejército, tiene directamente un fin subordinado al bien de la sociedad civil. 3°. Que en sí misma tenga todos los medios que se requieren para proveer a su existencia, a su conservación y al logro de su fin.

Ahora bien, como por voluntad de su divino Fundador la Iglesia posee todas estas condiciones: Luego es una sociedad perfecta en sumo grado. Por lo demás, bien claro nos lo demuestra su Historia. En efecto, la Iglesia durante los tres primeros siglos de su vida, no cesó de cumplir con su divina misión, cual es la de procurar la santificación de las almas a su solicitud confiadas. Se propagó y afianzó, no solamente sin el apoyo y concurso del poder civil, sino a despecho de las iras y encarnizadas persecuciones de ese mismo poder. La sangre de tantos mártires derramada en el curso de los siglos, es una prueba palmaria de esta verdad: **"Sanguis est semen Christianorum"**: exclamaba Tertuliano lleno de asombro y admiración al considerar la fecundidad de la Iglesia Católica en medio de las más terribles y sangrientas persecuciones que se levantaron contra ella. ([1])

III.—LA IGLESIA TIENE POTESTAD DE GOBERNARSE A SI MISMA.—Siendo la Iglesia pues, una sociedad perfecta, según se ha demostrado, resulta como una consecuencia necesaria que la Iglesia tiene la potestad de gobernarse a sí misma; en tal virtud, este derecho a ella concedido por su Fundador divino, comprende otros tres derechos, análogos a los que posee la sociedad civil; a saber: el Poder legislativo o sea el derecho de hacer leyes que obliguen a todos sus súbditos sin excepción; el Poder judicial y por último, el Poder ejecutivo o coercitivo, es decir, el derecho de procurar por todos los medios necesarios, en particular por la aplicación de las penas ya espirituales o ya temporales, la observancia de las Leyes que impone a sus subordinados. Hoy en día, los adversarios de la Iglesia no le niegan ciertamente los poderes de enseñar y conferir los Sacramentos, pues esto les tiene sin cuidado; pero en lo que en sí ponen todo su esfuerzo, es en echar por tierra el indiscutible derecho de gobernarse a sí misma, porque saben que privándola de este derecho o simplemente restringiendo su ejercicio, pueden venir a turbar profundamente la economía de la Iglesia y ponerla en estado de no poder reprimir las desobediencias de sus súbditos o rechazar los ataques violentos o las sordas amenazas de sus gratuitos adversarios.

Según ellos dicen, la Iglesia Católica no puede tener derecho alguno de dar leyes, de juzgar los crímenes o castigar a los delincuentes; y en caso de que lo tuviera en esta materia, este no sería un derecho propio inherente a su constitución, sino tan solo un derecho recibido por participación o comunicación del poder civil, por la benévola concesión de sus príncipes, o simplemente un abuso producido por el descuido, la incertidumbre o la connivencia de los gobernantes.

IV.—SE PRUEBA QUE LA IGLESIA TIENE DE HECHO ESTE PODER.—Voy por lo tanto a insertar algunas pruebas que dejen bien

---

1 The Catholic Encyclopedia. Vol. XIV, pag. 521.

establecido este importantísimo Poder de que ha gozado y goza la verdadera Iglesia de Jesucristo.

Primera prueba:—Una sociedad no puede subsistir y realizar su fin, si no tiene el poder de gobernarse a sí misma. Una multitud de voluntades necesita sin duda para lograr un mismo fin, cierta dirección común y eficaz. Por lo tanto, hemos de decir, que desde el momento en que plugo al Hombre Dios reunir a todos cuantos creyeren en El en una sociedad perfecta, debió proveerla de la autoridad necesaria para el cumplimiento de su soberana misión; en otros términos, debía darles jefes investidos del triple poder legislativo, judicial y represivo; pues toda sociedad supone leyes y la ley implica el derecho de juzgar a los culpables e imponerles castigos o penas para la vindicta pública o para su corrección y enmienda.

Segunda prueba:—Está tomada de las palabras de la Sagrada Escritura y en particular de las que especialmente fueron dirigidas a Pedro primer Apóstol y primer Príncipe y Jefe de la Iglesia. Porque habiendo preguntado Jesús a todos los discípulos que le rodeaban, que le manifestaran lo que sentían acerca de su Persona, solo Pedro por sí mismo y en su propio nombre, proclamó del modo más elevado la Divinidad del Salvador: **"Tu es Christus Filius Dei vivi"**. Admirado de esta profesión de fe, responde al instante Jesús ante quien acababa de hacerla: **"Beatus es Simon Bar Jona, quia caro et sanguis non revelavit tibi, sed pater meus qui in coelis est. Et ego dico tibi quia tu es Petrus, et super hanc petram aedificabo Ecclesiam meam, et portae inferi non praevalebunt adversus eam. Et tibi dabo claves regni coelorum".** ([2]) Es evidente que aquí se dirige Jesús a Pedro y no a todo el Colegio apostólico. La sabiduría encarnada no podía tampoco expresarse de una manera ambigua, precisamente en ocasión en que se trataba de una promesa de tanta importancia. Hablaba el divino Salvador para hacerse entender y quería que nadie pudiera equivocarse sobre el genuino sentido de sus palabras.

Tercera y última prueba:—Está tomada de la conducta de los Apóstoles y de la Historia de la Iglesia. Desde el principio de la Religión usaron los Apóstoles de estos tres poderes, haciendo y promulgando leyes, instaurando juicios e hiriendo con el anatema a los culpables y contumaces, sin consultar a nadie y mucho menos al poder civil. En las Actas de los Apóstoles y en las Epístolas de San Pablo a Timoteo, a los Corintios y a los Tesalonicenses, se refieren hechos y enseñanzas que demuestran terminantemente el ejercicio de estos tres poderes. ([3]) La experiencia constante nos demuestra que en los siglos siguientes ha continuado la Iglesia obrando como sus primeros Jefes, en virtud de la autoridad que como cosa propia le pertenece, de tal manera que jamás

---

2 S. Math. Cap. XVI, vers. 18 y 19.

3 Act. Cap. V. vers. 7, 8, 9, 10 y 11; 1a. Corint. Cap. IX, vers. 4, 5 y 6; 1a. Tesalon. Cap. I. vers. del 3 al 11; 2a. Corint. V. 20; Epist. Galat. I. v. 1.

ha variado en ella la creencia en la autoridad gubernativa de sus legítimos superiores.

V.—CRISTO N. S. FUE VERDADERO LEGISLADOR DE LA NUEVA LEY.—Cristo Nuestro Señor, verdadero Dios y verdadero Hombre, no solamente fué dado por Dios a los hombres como Redentor de las almas en quien deben poner toda su confianza si no también como Legislador en quien deben obedecer: **"legislator cui obediant"**. ([4]) Cuya verdad puesta en duda en nuestra época por los pseudoreformadores, es de tanta mayor importancia, por cuanto que es el fundamento de otra verdad que precisamente estamos defendiendo y probando, que la Iglesia de Cristo está dotada de verdadera Potestad legislativa, por medio de la cual no solo enseña y amonesta a los fieles como pregonera de la Verdad, sino que los liga con verdaderas leyes y preceptos aun contra su voluntad.

Y en realidad de verdad, Cristo Nuestro Señor en las Santas Escrituras es llamado verdadero y perfecto rey espiritual, **rex spiritualis;** ([5]) y para que exista un rey perfecto y verdadero, es necesario que haya un verdadero legislador. En verdad que el que es absolutamente supremo Juez, es también verdadero y supremo legislador; ahora bien, Jesucristo es absolutamente supremo Juez: luego es también verdadero legislador. ([6]) Finalmente, Cristo que con sus portentosos milagros y sus profecías probó hasta la evidencia que era un legado divino e infalible, no puede ignorar los derechos que se le han concedido y los límites de los mismos.

Y aun Cristo Nuestro Señor no solo fué verdadero legislador o autor y creador de la Ley, sino que aun ésta, jamás la promulgó solo por mediación de los ángeles o de los pregoneros humanos, sino que fué el primero y verdadero promulgador de sus leyes, con sus propios labios **personaliter** y **per se,** para todos los hombres de todos los lugares y épocas. Sin embargo, el mismo Cristo no anunció a todos los hombres la Ley dada y promulgada por El. Porque su legación personal, como venida del Padre Eterno, fué limitada a solo el territorio y pueblo Israelita; por cuyo motivo, ordenó a sus Apóstoles que predicaran a todas las criaturas la Ley creada por El. ([7])

No obstante, ni todos y cada uno de los preceptos de la Nueva Ley fueron recibidos por los Apóstoles del mismo Nuestro Señor, sino que muchos fueron promulgados a los mismos por dictado del Espíritu Santo de una manera visible, verdadera y suficientemente. Cuya diversidad del

---

[4] Concilio de Trento, Ses, VI, can. 21.
[5] Salmo II, ver. 6; Luc. 30 sig.; Juan XVIII, 33 y sig.
[6] Santiago IV, 12.
[7] S. Math. VI (Serm. de la Mont.) XXVIII, 18, 19, 20. "Data est mihi omn. potestas... cuntes ergo"; Luc. XXII, 19. "Hoc facite in meam comm...": Juan III, 3. "Mandatum nov. do vobis. "XX, 23. "Quorum remiss. peccat. '1a. Corin. VII, 10.—"Praecipio non ego, sed Dominus..."

primer visible promulgador de la Nueva Ley, no significa diversa autoridad, **(universa enim lex nova est et manetque divina)**, sino que solo nace cierta distinción accidental, de donde se infiere que el fundamento de la división de las Tradiciones, debe basarse en las tradiciones dominicas y en las tradiciones divino-apostólicas. ([8])

La ley nueva consta en primer lugar, de **lege fidei**, por la cual Cristo propuso para creer muchos misterios sobrenaturales que ya eran creidos por los hombres en el Antiguo Testamento. A estos se añaden las leyes morales; porque aunque Cristo dió vigor con su positiva confirmación a los preceptos morales que se apoyan en el Derecho natural, sin embargo, a estos preceptos morales de la Ley natural, no añadió nuevos preceptos morales positivos, sino que abrogadas las dispensas del Antiguo Testamento acerca de la bigamía y del libelo de repudio, redujo la ley moral en su reino, a la más recta y perfecta pureza.

Finalmente, como Cristo Nuestro Señor no asumió para sí un reino y juicio temporal, ni fundó una república igualmente temporal, sino únicamente la Iglesia como su reino espiritual, aun en la Nueva Ley divina, no creó leyes judiciales propiamente dichas. Pues si es cierto que además de la Ley natural y ceremonial fueron necesarias otras disposiciones para promover la disciplina, el culto divino, el orden y régimen eclesiástico, Cristo proveyó para eso sapientísimamente a su Iglesia por medio de la amplísima jurisdicción concedida en la tierra antes que a ninguno, a su Vicario.

VI.—LA EXISTENCIA DE LA POTESTAD LEGISLATIVA EN LA IGLESIA.—Cristo Nuestro Señor, supremo y perfecto Legislador del N. Testamento, dotó a su Iglesia de potestad legislativa espiritual y sobrenatural verdadera y propiamente dicha. Daré algunas pruebas en confirmación de esta doctrina.

El poder legislativo que tiene la Iglesia, viene directa e inmediatamente del mismo Cristo su divino y excelso Fundador: **"Pasce agnos meos, pasce oves meas"**; cuyo encargo y comisión no podría cumplir debidamente, si no tuviese el poder de dar leyes con qué apancentar espiritualmente a sus ovejas. Pues El mismo fundó su Iglesia para que fuese como cierto verdadero reino espiritual y sobrenatural; pero el perfecto gobierno y apacentamiento espiritual de la comunidad o del reino, no puede hacerse sin leyes. De aquí resulta que a la Iglesia a la cual Cristo con su divina sabiduría proveyó en verdad suficientemente, le concedió la potestad legislativa proporcionada al fin y a los medios.

Además, así como Cristo fué enviado por el Padre, así El envió a los Apóstoles. Pues el divino Salvador no solamente fué Doctor, sino también verdadero legislador; luego comunicó también a los Apóstoles la plenitud legislativa. Y a la verdad, la potestad legislativa consiste en que alguien, de una manera obligatoria pueda ordenar las cosas

[8] Conc. de Trento, Ses. IV. Decret. de Canon. Script.

que son necesarias para conseguir el fin de la sociedad, o con otras palabras, la potestad legislativa es la potestad directiva y coactiva perpetua en sí, sobre alguna comunidad perfecta. Pues Cristo Nuestro Señor con aquellas palabras **Pasce oves meas,** confirió a San Pedro y a los Apóstoles la potestad de atar y desatar que había prometido absoluta e indeterminadamente y que a su tiempo concedió a todos por igual. En cuyas palabras es claro y evidente que está comprendida la potestad legislativa, a no ser que alguno quisiera explicar aquellos textos valiéndose de prejuicios y opiniones más o menos erradas.

Es bien sabido que los Apóstoles, que fueron constituidos por Cristo como Maestros infalibles de la Religión verdadera, apenas fué promulgada la Ley evangélica, reunidos en Concilio usaron de la Potestad egislativa por la promulgación de la auténtica interpretación de la ley divina y de la verdadera ley disciplinar. **"Visum est Spiritui Sancto et nobis"** [9]. Ni faltan otros ejemplos por los que se prueba que los Apóstoles ejercieron la potestad legislativa, v. g., de no ordenar a los bígamos, de no promover a los neófitos para las sagradas órdenes. [10] De donde se ve que la potestad legislativa fué concedida verdaderamente por Cristo; de lo contrario, los Apóstoles habrían errado torpemente en el gravísimo asunto del ámbito de la potestad a ellos conferida.

A las anteriores razones pueden añadirse no solamente las definiciones dogmáticas y la tradición y creencia constante de la Iglesia Católica, sino hasta el mismo unánime consentimiento de la Iglesia Oriental cismática. [11].

Al hablar de la potestad legislativa de la Iglesia, juzgo acertado tratar en este párrafo de la Potestad de Jurisdicción que se equipara a la primera en lo tocante a su fin primordial. Pues la potestad de jurisdicción se define: **A Christo instituta spiritualis potestas regendi Ecclesiam et fideles in finem supernaturalem.** Al decir **potestas regendi Ecclesiam,** se entiende la jurisdicción externa que gobierna a la sociedad con leyes y juicios; más al decir **potestas regendi fideles,** la definición conviene aun a la jurisdicción interna que se ejerce sobre cada uno de los fieles; pues a la jurisdicción no solo se refiere la potestad legislativa, judicial y coercitiva, sino aun a todos los actos en los cuales para ejecutarlos, debe intervenir siempre la autoridad eclesiástica.

Hay dos clases de jurisdicción: la seglar que pertenece al orden civil y es propia del príncipe y de los magistrados seculares, y la eclesiástica que conviene a las cosas espirituales y pertenece al Clero. El mundo se halla gobernado por dos poderes: el espiritual y el temporal; el uno pertenece al sacerdocio y el otro al imperio o a la potestad política. Y es tanto mas noble e importante el primero, cuanto mas sublime

---

9 Act. XV. 28.
10 1a. Timot. III, 2 a 6.
11 Wernz lug. citado.

es su objeto, o cuanto más superiores son las cosas divinas a las humanas. **"Duo sunt quippe imperator auguste, quibus principaliter hic mundus regitur: auctoritas sacra pontificum et regalis potestas; in quibus tanto gravius pondus est sacerdotum, quanto etiam pro ipsis regibus hominum in divino sunt reddituri examine rationem".** Dos son en verdad, augusto emperador, los poderes por los que está regido principalmente este mundo: la autoridad sagrada de los pontífices, y la potestad real; por lo que, es tanto más grave la responsabilidad de los sacerdotes, por cuanto que han de dar estrecha cuenta a Dios hasta de los mismos gobernantes de los hombres. ([12]).

Por ser de interés para el presente estudio, trataré aquí aunque someramente, de la jurisdicción eclesiástica en general.

Hay una jurisdicción enteramente espiritual propia y esencial a la Iglesia en la forma de su divina institución. Jesucristo envió a los Apóstoles a bautizar e instruir a las naciones, les dió el poder de atar y desatar y amenazó con la maldición divina a los que no los escuchasen. La jurisdicción dada por Cristo a su Iglesia, es relativa a los bienes espirituales, la gracia, la santificación de las almas y la vida eterna; y supone necesariamente en los que deben ejercerla, el derecho de hacer leyes y cánones para conservar la sana doctrina y las buenas costumbres: **"Qui vos audit me audit, et qui vos spernit me spernit: qui autem me spernit, spernit eum qui misit me.** ([13]) **Quod si non audierit vos, dic Ecclesiae. Si. autem Ecclesiam non audierit, sit tibi sicut ethnicus et publicanus".** ([14])

Todos los que gozan en la Iglesia de la potestad legislativa, como el R. Pontífice y los Obispos, gozan igualmente de la potestad de jurisdicción en el foro externo.

Estableceré en este lugar dos tésis con sus respectivas pruebas, en comprobación de la existencia del Poder legislativo de la Iglesia.

1a.—**Omni societati perfectae competit legifera potestas.** Pruébase. Compete a la sociedad perfecta el derecho de exigir de sus miembros, todo lo que es necsario para conseguir su fin. Es así que para conseguir el fin en una sociedad cualquiera, es necesario el derecho de designar los medios, y de obligar a todos a hacer uso de ellos y en esto consiste precisamente la potestad legislativa. Luego la potestad legislativa compete a la sociedad perfecta.

12a. **Ecclesia Christi est societas perfecta, tum ex natura sus-tum ex voluntate divini ejus Fundatoris.** Se prueba la primera parte: La Iglesia de Cristo es una sociedad perfecta **ex natura sua.** La naturaleza de las sociedades se determina por su fin. Es así que la Iglesia es una sociedad suprema que no se ordena o sujeta a otra sociedad,

---

12 Decret. de Gregorio IX, can. 10. dist. 96. Cit. por Dicc. Der. Can. Rosa y Bouret, Paris 1854.

13 Luc. X, v. 15.

14 Math. XVIII, v. 17.

puesto que su fin es la adquisición de la vida eterna. Luego la Iglesia es una sociedad perfecta **ex natura sua.** Pruébase la segunda parte: La Iglesia de Cristo es una sociedad perfecta **ex voluntate Christi.** De dos modos puede comprobarse esta verdad: ya demostrando la falsedad de la proposición contradictoria, o aduciendo testimonios positivos de la misma divina voluntad; esto lo he demostrado ya en el curso de este párrafo y en esta misma Introducción. Luego la Iglesia de Cristo es una sociedad perfecta tanto por su naturaleza, como por la voluntad de Cristo Nuestro Señor su Fundador divino. De cuanto se ha dicho y comprobado, se deduce como lógico corolario que Cristo confirió plenamente a su Iglesia la Potestad legislativa y a la verdad con absoluta independencia de cualquiera otra sociedad, según hemos venido demostrando en esta Primera Parte de la Disertación.

VII.—POTESTAD LEGISLATIVA DE LA IGLESIA DESDE SU FUNDACION.—Que la Iglesia Católica ha ejercido desde su fundación esta potestad legislativa en la cual se reunen aquellos tres divinos poderes, paso a demostrarlo.

Vemos a los Apóstoles reunirse en Jerusalem para determinar sobre las ceremonias legales, y su decisión la dirigen a todas las Iglesias como una ley dictada por el Espíritu Santo: **"Visum est Spiritui Sancto et nobis"**; ([15]) San Pablo la propone a aquellas iglesias mandándoles se conformen con ella: **"Praecipiens custodire praecepta apostolorum et seniorum"** ([16]); el mismo apóstol les prescribe reglas de conducta sobre los matrimonios de los cristianos con los infieles ([17]); sobre el modo de orar en las asambleas ([18]): sobre la elección de los sagrados ministros ([19]): sobre la manera de proceder contra los presbíteros que son acusados ([20]): y se reserva establecer de palabra otros varios puntos de disciplina; **"Caetera cum venero disponam** ([21]). Estas disposiciones fueron recibidas por los fieles como leyes sagradas y algunas están todavía en uso en la Iglesia, tal como la que excluye a los bígamos de las órdenes sagradas.

San Agustín refiere a estos tiempos primitivos las prácticas generalmente observadas en el mundo cristiano, como el ayuno cuadragesimal y las festividades establecidas en memoria de la Pasión, Resurrección y Ascensión de Jesucristo: **"Illa autem qui non scripta sed tradita custodimus, quae quidem toto terrarum orbe servantur, dantur intelligi vel ab ipsis apostolis, vel a plenariis Conciliis, quorum est in Ecclesia saluberrima auctoritas, commendata atque statuta".** Mas aquellas prácticas que conservamos, no por escrito sino por tradición y que se ob-

---

[15] Act. XV, v. 28.
[16] Act. XV, 41.
[17] S. Pablo 1a. Corint. VII, 12.
[18] 1a. Corint.. XI, vers. del 2 al 16.
[19] 1a. Timoteo Cap. III.
[20] 1a. Timoteo V. 19.
[21] 1a. Corint. XI, ver. 34.

servan ciertamente en todo el mundo, se entienden dudas o por los mismos Apóstoles o por los Concilios plenarios, cuya saludable autoridad está recomendada y establecida por la Iglesia (22). San Basilio refiere a los mismos tiempos, los usos establecidos en la administración de los Sacramentos; usos, añade, que no se podrán contradecir por poco que se conozcan las leyes de la Iglesia: **"Alia quidem habemus e doctrina scripto prodita, alia vero mysteria tradita recepimus ex traditione apostolorum, quorum utraque vim eamdem habent ad pietatem, nec illis quisquam contradicet, nullus certe qui vel tenui experientia noverit quae sint Ecclasiae instituta".** Unos en verdad, los tenemos de la doctrina dada por escrito; más otros misterios que se nos han enseñado, los recibimos de la tradición apostólica, y que ambos dan impulso a la piedad con igual vigor sin que pueda contradecir esto, ninguno que tenga siquiera un débil conocimiento de las instituciones de la Iglesia ([23]).

VIII.—LOS OBISPOS HAN GOZADO DE ESTE PODER.—Los Obispos como sucesores de los Apóstoles, han ejercido este mismo poder sin interrupción alguna hasta nosotros. Los Cánones de los Apóstoles y las instituciones apostólicas se remontan a los primeros siglos. ¡Que multitud de cánones antiguos hechos por los Papas, por los demás Obispos y por los Concilios antes de la conversión de los Emperadores!; ¿Acaso no se consideraban estos cánones como leyes sagradas aunque no tuviese parte alguna en ellos la potestad imperial? El abad de Celles, contemporáneo de San Bernardo y que después fué Obispo de Chartres, llama a estos cánones, el suplemento de las Sagradas Escrituras: **"Quibus sanctis et antiquis (episcopis) sua tam familiariter revelavit Deus consilia, ut etiam ad supplementum evangeliorum et prophetarum, perpetua stabilitate canones et decreta statuerint, pari pene observantia tenenda cum Evangelio."** Dios reveló sus consejos a aquellos santos y antiguos Obispos con tanta familiaridad, que establecieron cánones y decretos con perpetua estabilidad, como un suplemento de los evangelios y de los profetas, que casi deben observarse lo mismo que el Evangelio. ([24])

No hay casi ningún Concilio general ni particular que no haya dado decretos de disciplina y ninguno que haya dudado jamás del poder que tenían para ello y tampoco ningún católico sincero que jamás lo haya disputado y mucho menos combatido.

IX.—LA IGLESIA CONDENA A LOS HEREJES QUE HAN IMPUGNADO SU PODER LEGISLATIVO.—La misma Iglesia ha manifestado esto del modo más terminante: consciente del divino poder de que está investida; háse visto precisada a lanzar su anatema contra la herejía. Cuando los Valdenses osaron sostener que no tenía la Iglesia el poder

---

22 Epist. 54 ad Januar.; cit. por el Dicc. edit. por Rosa y Bouret, Paris en 1854.
23 Trat. de Spiritu Sancto, Cap. XXII; cit. por el Dicc. de Der. Can.
24 Dicc. de Der. Can. en la explic. de la pal. Ley.

de hacer leyes, ni que se debía obedecer al Papa ni a los Obispos: Cuando Juan de Hus se atrevió a aventurar que la obediencia a la Iglesia era una obediencia inventada por los Sacerdotes contra la expresa autoridad de la Sagrada Escritura: Cuando enseñó Lutero que no pertenecía ni a la Iglesia ni al Papa dar leyes sobre las costumbres y buenas obras: Cuando Marsilio de Padua quiso reducir el derecho de los primeros pastores a un derecho de dirección y consejo y no de jurisdicción, anatematizó a todos estos herejes. Los Valdenses por un decreto de Inocencio III en 1183; Juan Hus por el Concilio de Constanza; Lutero por León X; Marsilio de Padua por el Papa Juan XXII y por los Concilios de Sens en 1520 y de Cambrai en el de 1545. ([25])

El santo Concilio de Trento se expresa en estos términos: "Si alguno dijere que el hombre no está obligado a observar los Mandamientos de Dios y de la Iglesia, sea excomulgado". ([26]) "Si alguno dijere que se pueden despreciar u omitir al capricho y sin pecado los ritos y ceremonias recibidos y aprobados por la Iglesia Católica, que se acostumbran emplear en la administración de los Sacramentos o que pueden variarse con otros nuevamente inventados, sea excomulgado". ([27]) De modo que si hay obligación de guardar los Mandatarios de la Iglesia y de observar los usos y ceremonias que establece, luego tiene el derecho de hacer leyes sobre los objetos de su administración, y por lo tanto goza de la Potestad legislativa.

El mismo Concilio dclaró que todos los cristianos están indistintamente obligados a la observancia de los Cánones: **"Sciant universi sacratissimos canones exacte ab omnibus, et quo ad ejus fieri poterit, indistincte observandos"**; ([28]) y añade que la Iglesia en particular, tiene derecho para dar decretos en materia de administración y para revocar según crea útil los que antes hubiese dado. ([29])

X.—PALABRAS DE UN CELEBRE CANONISTA.—Si fuere posible, decía Clemente Augusto ilustre Arzobispo de Colonia, ([30]) si imaginable fuese que la Iglesia estuviera sometida al Estado y subordinada su autoridad al poder político, desde entonces, todas las persecuciones ejercidas tanto en la antigüedad como en nuestros días contra el Cristianismo, contra los Cristianos y su doctrina, así por los Césares como por los Reyes, serían, salvo las horribles crueldades ejecutadas con ellos, plenamente justificadas; porque nada es más indubitable e incontrovertible que si los Apóstoles, cuya conducta debía llegar a ser la regla de sus sucesores en el Episcopado, infringían las leyes del Estado, los Obispos actuales también las infringen en cierto modo por

---

25 Dicc. cit. de Der. Can.
26 Ses. VII, can. 20.
27 Ses. VII, can. 13.
28 Sess. XXV. Cap. 18 de Reform.
29 Sess. XXI, can. 2.
30 Diccionario de Rosa y Bouret. Paris. 1854.

el mismo ejercicio de la autoridad episcopal y sobre todo, de su potestad legislativa, judiciaria y ejecutiva. Si queremos entenderlo así, estas llamadas leyes del Estado eran infringidas abiertamente por la celebración de los Concilios, por la comunicación de las Iglesias con los soberanos Pontífices, por la institución canónica de sus coadjutores, por su deposición en caso de prevaricación, por el establecimiento de instituciones escolásticas o caritativas, por la aceptación de los legados y dones y por la erección de nuevas parroquias y sedes episcopales. También lo fueron por la celebración del Concilio Apostólico en Jerusalem, lo mismo que por la misión dada por San Pablo a su discípulo Tito Obispo de Creta, cuando le escribía el Santo Apóstol: **"Hujus rei gratia reliqui te Cretae, ut ea quae desunt corrigas, et constituas per civitates presbyteros sicut et ago disposui tibi":** La causa porque te dejé en Creta, es para que arregles y corrijas las cosas que no estén bien, y establezcas presbíteros en las ciudades, conforme te prescribí (31)

"En todo esto, continúa el ilustre Arzobispo de Colonia, lastimaban los derechos de la soberanía política; porque ni en el ejercicio de la prerrogativa apostólica, ni para ningún acto gubernativo en materias eclesiásticas, consultaban los Padres de nuestra fe a la autoridad temporal, ni solicitaban el **placet imperial:** ¿Y no habrían estado obligados a hacerlo, en la suposición de que la Iglesia estuviera sometida al Estado? Porque los derechos soberanos de los emperadores romanos, en nada se diferenciaban de los derechos de los soberanos actuales; les son perfectamente iguales y las obligaciones que corresponden a estos derechos y que se pretenden deducir para nuestros Obispos, son idénticas a las que reconocían los Apóstoles y sus primeros sucesores." (32)

XI.—JUICIO DE BOSSUET EN FAVOR DE LA POTESTAD LEGISLATIVA DE LA IGLESIA.—"En cuanto a la disciplina eclesiástica, dice en su Obra "Política Sagrada", bástame referir una Ordenanza de un emperador rey de Francia (33). Quiero, dice a los Obispos, que apoyados con nuestro auxilio y ayudados por nuestro poder, como el buen orden exige, podáis ejecutar lo que pide vuestra autoridad. En todo lo demás, la autoridad real dá la ley y marcha la primera como soberana: pero en los negocios eclesiásticos no hace más que ayudar y servir: **Famulante, ut decet potestate nostra,** son las palabras de este Príncipe. No solo en los asuntos de fe, sino también de disciplina eclesiástica, toca a la Iglesia su decisión y al príncipe la protección, defensa y ejecución de los cánones y reglas eclesiásticas. El espíritu del Cristianismo es que la Iglesia se gobierne con los cánones. Deseando el emperador Marciano en el Concilio de Constantinopla que se estableciesen en la Iglesia reglas de disciplina, él mismo en persona las

31 Epist. a Tito. I, ver. 5.
32 Dicc. citado de Der. Can.
33 Libro VII, artículo 5o.

propuso al Concilio para que fuesen establecidas por esta santa Asamblea. Y habiéndose suscitado una cuestión en el mismo Concilio sobre los derechos de una metrópoli, en que no parecían conciliarse con los sagrados cánones las leyes del emperador, los jueces propuestos para conservar el buen orden de una reunión tan numerosa, hicieron notar a los Padres esta contrariedad, preguntándoles qué pensaban sobre el asunto; entonces exclamó el Concilio: **Que prevalezcan los cánones, obedézcase a los cánones,** manifestando con esta respuesta, que si por condescendencia y por el bien de la paz cede en ciertas cosas que pertenecen a su gobierno a la autoridad secular, su espíritu, cuando obra libremente, lo que los príncipes piadosos le conceden siempre de muy buena gana, es obrar en todo con sus propias fuerzas y que ante todas cosas prevalezcan sus decretos." Hasta aquí el sabio escritor.

Cierto es que los Padres y Concilios no se limitaban en los pasados tiempos, a solicitar de los príncipes la ejecución de los cánones de disciplina, sino que a veces pedían también que se robusteciesen sus decretos dogmáticos con la fuerza de las leyes civiles para hacerlos observar: ¿Osaremos inferir de este hecho, que la validéz de sus decretos y la obligación en que se hallaban los fieles de someterse a ellos, dependía de la voluntad de los Soberanos? La autorización de tales decretos, lo mismo que la de los cánones disciplinares, no les daba vigor alguno la fuerza de las leyes en el orden espiritual para que obligaran en conciencia, sino tan solamente en el orden civil, para hacerlos ejecutar por el poder y la fuerza del brazo secular.

Los soberanos de la tierra, en especial en los pasados siglos, han reconocido siempre en la Iglesia Católica la potestad de hacer leyes como un atributo esencial del episcopado y en todo tiempo así lo han confesado los jurisconsultos católicos.

Por eso Luis XV rey de Francia, decía "que independientemente del derecho que tiene la Iglesia de decidir las cuestiones sobre la fe y las costumbres, tiene también el de hacer cánones o reglas de disciplina para la dirección de sus ministros y de los fieles en el orden de la Religión." ([34])

XII.—LA INDEPENDENCIA DE LA IGLESIA EN SU PODER LEGISLATIVO.—Antes de terminar la presente Introducción, quiero tratar con alguna mayor amplitud el asunto anteriormente insinuado y que se refiere a la independencia de la Iglesia por lo que toca al ejercicio de su Potestad legislativa.

El poder legislativo es un derecho esencial a las dos potestades que rigen la tierra; ambas son soberanas cada una en su jurisdicción y por lo tanto, deben ejercer este poder con una completa independencia en las materias que son de su competencia. Este es un poder inseparable de todo gobierno, e inherente a toda sociedad. Ahora bien, la Iglesia como sociedad perfecta ha recibido de Dios el derecho de go-

---

[34] Diccionario citado de Rosa y Bouret, Paris 1854.

bernar el mundo cristiano y solo a El tiene que rendir cuenta fiel del ejercicio que haga de este poder. Los príncipes cristianos al igual que los demás fieles, deben obedecer las leyes eclesiásticas y respetar sus mandatos expresados en los sagrados cánones. Tal ha sido la doctrina constante de la Iglesia.

Así como los Pontífices prefectos de las iglesias, no se mezclan en los asuntos civiles, decía el Papa Gregorio II al emperador León, tampoco los emperadores deben entrometerse en la administración que a aquellos les está confiada: **"Scis, imperator, sanctae Ecclesiae dogmata non imperatorem esse, sed pontificum, quae tuto debent praedicari. Ideirco Ecclesiis praefecti sunt pontifices, reipublicae nogotiis abstinentes, ut imperatores similiter a causis ecclesiasticis abstineant, et quae sibi commissa sunt capessant".** Has de saber emperador, que los dogmas de la santa Iglesia, no son de los emperadores, sino de los pontífices y deben predicarlos con toda libertad. Y por eso, los pontífices que son los prefectos de las iglesias, se abstienen de los asuntos de la república, para que los emperadores se abstengan igualmente de los negocios eclesiásticos y se ocupen de las cosas que les han sido encomendadas. ([35])

El Papa Gelasio escribía al emperador Anastacio: "Este mundo está gobernado por dos potestades principales: la de los Pontífices y la de los Reyes". Ambas, añade Bossuet, refiriendo las palabras de este pontífice, son soberanas, principales y sin dependencia mutua en las cosas de su jurisdicción: "Habéis de saber, amado hijo, continúa el mismo Papa, que aunque vuestra dignidad os eleva sobre los demás hombres, sin embargo, estáis humillado ante los Obispos que tienen la administración de las cosas divinas y a ellos os dirijo para os conduzcan por el camino de la salvación. Lejos de mandarlos en lo concerniente a la Religión, sabed que a ellos debeis obedecer y de ellos recibir los Sacramentos de la Iglesia, dejándoles el cuidado de administrarlos del modo que más convenga. Sabed, digo, que en todo esto tienen derecho absoluto para juzgaros y por consiguiente, haríais mal en querer sujetarlos a vuestra voluntad. Porque si los ministros de la Religión obedecen vuestras leyes en el orden público y temporal porque saben que habeis recibido de lo alto vuestra potestad... ¿Con qué celo y afección no debéis también obedecerlos en las cosas de la Religión, puesto que están encargados de distribuir nuestros imponentes misterios"? ([36]) No hablan de diverso modo que estos Padres, San Avit de Viena, el Papa Félix y otros muchísimos que defienden la indepencia de la Iglesia en lo tocante a su potestad legislativa, de cualquiera otro poder. ([37])

---

[35] Dicc. citado de Der. Can.
[36] Bossuet lug. cit.
[37] Dicc. cit. de Der. Can.

No es lícito a los príncipes mezclarse en materias eclesiásticas; con mucha mayor razón, tampoco pueden tomar conocimiento de los cánones que hace la Iglesia en estas materias; si les está ordenado obedecer, con más razón les está prohibido mandar, por no ser asuntos de su incumbencia. Así que nada pueden contra la potestad de la Iglesia, porque nada pueden contra el derecho divino: "**Ex sacris litteris,** dice el Concilio de Sens del año 1528, **palam ostenditur non ex principum arbitrio dependere ecclesiasticam potestatem, sed ex jure divino quo Ecclesiae conceditur leges ad salutem condere fidelium, et in rebelles legitima censura animadvertere**". (38) Por las Escrituras sagradas se demuestra con evidencia, que la potestad eclesiástica no depende del arbitrio de los príncipes, sino del derecho divino que concede a la Iglesia la potestad de decretar leyes para la salud de los fieles y el de repeler a los rebeldes con legítimas censuras.

Las Constituciones imperiales nada pueden contra los Cánones, dice el Concilio de Calcedonia, hablando de la distribución de las provincias eclesiásticas determinadas por la Iglesia y que había sido variada por los emperadores: "**Contra canones, pragmaticae constitutiones nihil possunt**". Lo mismo decía el Papa Nicolás I: "**Imperili auctoritate non possunt ecclesiastica jura dissolvi**". (39)

La conducta de los reyes con el Concilio de Trento, supone esta verdad generalmente reconocida. "Sabed, decía Felipe II en la real Cédula dada para la observancia de las disposiciones del Concilio en sus Estados, que cierta y notoria es la obligación que los reyes y príncipes cristianos tienen a obedecer, guardar y cumplir y que en sus reinos, estados y señorías, se obedezcan, guarden y cumplan los Decretos y Mandamientos de la santa Madre Iglesia y asistir y ayudar y favorecer al efecto y ejecución y a la conservación de ellos, como hijos obedientes y protectores de ella, etc., etc. (40)

El celo de Enrique II para hacer revivir la disciplina eclesiástica, se limita a exponer los abusos que se habían introducido en la Iglesia galicana. Este príncipe invita a que se arregle el servicio divino y la forma de las elecciones para las dignidades eclesiásticas. Suplica que no se eleve al Sacerdocio sino a personas dignas que tengan la edad canónica y título de beneficio; que se guarden los intersticios en la colación de las sagradas órdenes; que se restablezcan las funciones de los diácones y demás órdenes inferiores; que se prohiba a lo ministros de la Iglesia mezclarse en negocios extraños; que los Obispos prediquen o hagan predicar la divina palabra los Domingos y días festivos y en todos los del Adviento y Cuaresma; que los Abades y Priores expliquen la Sagrada Escritura; que se proscriba la pluralidad de beneficios; que se canten los salmos en lengua vulgar; que se permita el uso del cá-

---

38 Dicc. citado de Der. Can.
39 Dicc. citado de Der. Can.
40 Dicc. citado de Der Can.

liz; que se observe la devolución establecida por el Conc. de Letrán para la colación de los beneficios; que se abrevien los procedimientos en materias beneficiales, suprimiendo la distinción de lo petitorio y posesorio; que se disponga la frecuente celebración de Sínodos y Concilios para arreglar lo relativo al gobierno eclesiástico y castigar a los culpables de delincuencia.

Estos artículos que se hallan en el "Comentario de las libertades de la Iglesia galicana" ([41]), van precedidos de un preámbulo en que reconoce el mismo príncipe que la potestad espiritual es la **única** competente para hacer cánones sobre todos estos asuntos: **"Cognitionem et judicium ad vos omnino (rex) sciat pertinere".**

El célebre Bossuet acusa en el mismo sentido a los Obispos de Inglaterra, "por haber soportado que el príncipe extendiese su imperio al gobierno eclesiástico y por no haberse atrevido a manifestar, siguiendo el ejemplo de todos los siglos pasados, que sus decretos **válidos por sí mismos,** y por la autoridad divina que Jesucristo había unido a su carácter sagrado, no esperaban de la protestad real más que una entera sumisión y una protección exterior. ([42])

Luis XV de Francia, consagró esta doctrina en sus Decretos: "Nuestro primer deber, dice, es impedir que se disputen los sagrados derechos de una potestad que solo de Dios ha recibido y que tiene autoridad para decidir las cuestiones de fe y de costumbres y para hacer cánones o reglas de disciplina para la dirección de los ministros de la Iglesia y de los fieles". ([43])

XIII.—CONCLUSION.—Así es que, como solo de Dios ha recibido la Iglesia la autoridad de hacer leyes de disciplina, solo de El debe depender en cuanto a esto; y si esta autoridad deriva de la misma fuente que el derecho de decidir las cuestiones de fe, debe ejercerla la Iglesia con la misma independencia, en virtud de su soberano Poder legislativo.

No será de más, hacer aquí una reflexión que puede ser altamente provechosa. La historia y la más triste experiencia, nos enseñan que cuando las potestades terrenales han pretendido subyugar a la Santa Iglesia de Dios, quitándole u oponiéndose al libre ejercicio de sus sublimes poderes, han caido en la más triste abyección, como justo castigo de la Providencia que vela por los derechos sagrados de la Religión del Crucificado; y el más tremendo fracaso ha sido siempre el desenlace de su execrable conducta y detestable alevosía.

Serían innumerables las pruebas que sobre esta verdad podría acumular aquí y que se hallan recopiladas en las diversas Obras que para este humilde trabajo he consultado; pero bastan las ya presentadas en esta Primera Parte que concluyo, para entrar de lleno en el desarrollo científico del Tratado canónico que motiva la presente Disertación.

---

[41] Bossuet, Tomo III, pag. 742.
[42] Historia de las Variaciones, Libro X, n. 13.
[43] El Dicc. cit. de Rosa I. Bouret de 1854.

LA POTESTAD LEGISLATIVA DE LA IGLESIA CATOLICA

SEGUNDA PARTE

PREAMBULO.—Para proceder con el debido orden en una materia tan importante del Derecho Canónico cual es el tratado de la Potestad legislativa de la Iglesia Católica, haré en el Artículo Primero un estudio acerca de lo que se entiende por Ley en general y por Ley eclesiástica en particular, como una preparación para el desarrollo de dicho tratado; y siguiendo la división que acostumbran hacer los juristas acerca de las diversas clases de Ley, en los demás Artículos trataré, para mayor claridad y mejor inteligencia de la materia, de los considerandos de esa misma Potestad conforme al siguiente método:

—Del Sujeto activo de la Potestad legislativa en la Iglesia, o sea de los Legisladores eclesiásticos.

—Del Objeto o Materia de las Leyes eclesiásticas.

—De la Forma, Promulgación, Vacación y Aceptación de las Leyes eclesiásticas.

—Del Sujeto pasivo o sea de los que están obligados a las Leyes eclesiásticas.

—De los Efectos de las Leyes eclesiásticas.

—De la Confirmación de las Leyes eclesiásticas.

—De la Cesación y Abrogación de las Leyes eclesiásticas.

—De la Excusa y Dispensa de las Leyes eclesiásticas.

—De la Interpretación de las Leyes eclesiásticas.

—De los Privilegios.

—De los varios modos de ejercer la Potestad legislativa en la Iglesia, o sea de las especies de Leyes con que gobierna a sus súbditos.

—De las diversas Colecciones de los Cánones.

—Del Nuevo Código de Derecho Canónico promulgado por S. S. Benedicto XV.

En estos dos últimos Artículos, haré un resúmen general de las varias Colecciones de Cánones de la Iglesia Católica que han servido de base para el estudio del Derecho Eclesiástico, deteniéndome, antes de terminar la presente Disertación, en el Nuevo Código de Derecho Canónico que se coleccionó por mandato de S. S. Pío X y fué promulgado por S. S. Benedicto XV el día de Pentecostés del año de 1917, para servir de regla y norma de obrar para toda la Iglesia Católica.

ARTICULO I.

ORIGEN, DEFINICION Y DIVISION DE LA LEY EN GENERAL Y DE LA LEY ECLESIASTICA EN PARTICULAR.

Puesto que Dios es la Fuente de la Justicia y de la Autoridad, **"Non est enim potestas nisi a Deo"** ([1]), las leyes humanas derivan de El necesariamente su fuerza y equidad; y así como la Ley eterna es la ordenación de la Razón y de la Voluntad de Dios supremo Gobernante del Universo, así las leyes humanas, para imitar a la divina Sabiduría, envuelven dos actos del Legislador: uno del entendimiento por medio del cual determina lo que se ha de hacer, y otro de la voluntad por el cual ordena que se haga. Por consiguiente, toda ley verdadera es regla de obrar que prescribe a la sociedad la rectitud que debe seguir en orden al fin de la misma.

Santo Tomás define la Ley en esta forma: **"Ordinatio rationis ad bonum commune ab eo, qui curam habet communitatis promulgata"** ([2]). De esta definición se infiere que la ley difiere del precepto; pues la ley se da a la comunidad por una persona pública y para el bien común, mientras que el precepto propiamente dicho puede emanar aun de una persona privada y afecta a súbditos privados solo para su bien privado. Tal es el imperio del padre sobre el hijo, o del príncipe sobre cualquier súbdito. Muchas veces aun las leyes se llaman preceptos; así las leyes divinas dadas a Moisés en el Sinaí son conocidas como preceptos del Decálogo. No obstante, hay notable diferencia entre ambos vocablos: veamos por qué.

1°.—**Ratione jubentis,** porque el legislador es persona pública y el que da un precepto no jurisdiccional puede ser persona privada.

2°.—**Ratione subjecti,** porque la ley se da para toda la comunidad y el precepto puede darse a una persona privada.
común o general, mientras que el fin inmediato del precepto es el bien común o general, mientras que el fin inmediato del prcepto es el bien privado.

4°.—**Ratione loci,** porque la ley se presume que afecta a un territorio y el precepto a la persona, o como dicen algunos que tratan del asunto, **ossibus haeret.** Véase Can. 8, n. 2.—

5°o.—**Ratione durationis,** porque el precepto cesa alguna vez con la muerte del precipiente, mientras que la ley no se extingue al mismo tiempo que el legislador, a menos que sea abrogada por el mismo que la dictó o por su sucesor legítimo. Véase Can. 24.—

El P. Luis Huguenin en su Exposición Metódica del Derecho Canónico, define la Ley de la siguiente manera: **"Rationis ordinatio in**

---

1 Epist. de S. Pablo a los Rom. XIII, 1.
2 Sto. Tomán 1, 2, q. 90, n. 4.

societatis finem seu benum commune, societati perfectae obligatorio modo proposita ex voluntate constanti publicae potestatis". La ordenación de la recta razón para el fin de la sociedad o el bien común, propuesta a la sociedad perfecta de una manera obligatoria por la voluntad constante de la potestad pública. ([3]) De esta definición se desprende cual es la materia y la forma de la Ley. La materia de la ley es la misma regla que se propone y que debe gozar de dos cualidades: Primera, que sea honesta o racional y conforme al orden; y segunda, que conduzca al fin de la sociedad. Por cuya razón la ley será nula por defecto de materia, si la regla propuesta se opone a la Ley divina. Tendría qué abrogarse cuando dejase de conducir al fin de la sociedad. La forma de la ley es la misma proposición de la regla, esto es, la intimación suficiente hecha a la sociedad por modo de obligación por aquel en quien reside la potestad de la sociedad. Por lo tanto, la ley será nula por defecto de forma: Primero, si fuese propuesta por otro que no sea aquel en quien reside la potestad de la sociedad: y Segundo, si la ley escrita no fuese propuesta suficientemente o promulgada en debida forma.

La Ley se divide o distingue de varios modos, según Wernz lug. cit.

1°.—En divina o humana, en cuanto que tiene a Dios o al hombre como autor inmediato.

2°.—En natural o positiva, en cuanto que se impone por la misma razón natural o por un acto positivo del legislador.

3°.—En eclesiástica o civil, en cuanto que se impone por la potestad eclesiástica o por la potestad civil.

4°.—En normal o penal o mixta, en cuanto que obliga solo bajo de culpa, o solo bajo de pena, o bajo ambas al mismo tiempo.

5°.—En afirmativa o negativa, en cuanto que ordena la ejecución de un acto, o la prohibe.

6°.—En simplemente prohibente o irritante o permitente, en cuanto que convierte un acto en ilícito o inválido solamente, o impide que sea inquietado el que lo ejecuta: y

7°.—En favorable u odiosa, en cuanto que amplía o restringe la libertad.

Las propiedades o condiciones de la Ley humana, son las siguientes y que están incluidas en la misma definición de la ley; a saber: que sea posible, honesta, útil, justa, permanente o estable y promulgada. Conviene explicar estas condiciones; Primera: **Posible,** esto es, acomodada a las costumbres y circunstancias de las personas; Segunda: **Honesta,** que no ordene nada que sea deshonesto y que repugne a las buenas costumbres o a la recta razón o a la ley divina positiva, ni que dicha ley pueda obligar a actos malos y contrarios al fin del hombre; Tercera: **Util,** se entiende al bien común, pues el fin primario y esencial

---

[3] Expos. Method. Jur. Can. De Lege.

de la ley, es el bien de la comunidad; porque la ley es un acto de la potestad pública que fué instituida solo para el bien común; Cuarta: **Justa,** esto es, según la norma de la justicia distributiva, de modo que no se graven unos más que otros, sino que sea impuesta a los súbditos en igualdad de proporción, consideradas las fuerzas y facultades de cada cual; de lo contrario no obliga en conciencia; Quinta: **Permanente o estable,** esto es, impuesta sin tiempo definido de modo que una vez dada, a no ser que sea abrogada o se haga dañosa o inútil, perdure tanto tiempo cuanto exista la comunidad a la que se impone, o cuanto tiempo perseveren las circunstancias por las que fué dada; Sexta: **Promulgada,** porque la ley es la regla general y pública de las acciones, que dirige y obliga a la comunidad. Más la regla no puede dirigir y obligar a la comunidad a la cual rige, si no es aplicada a ella por la promulgación.

Algunos autores traen otras divisiones de la ley, que en resúmen equivalen a las que acabo de insertar; más para mayor abundamiento, daré a conocer la siguiente que me parece muy importante. Se conocen tres clases de leyes: la natural, la divina y la humana. La primera es la misma razón natural; la segunda está fundada en la Revelación divina; y la tercera la han establecido los hombres. Así que es evidente que la ley humana está subordinada a las leyes divinas y naturales, porque la voluntad del hombre debe someterse a la de Dios. Solo de estas leyes primitivas tienen los mismos legisladores su autoridad. "Como no se debe obedecer al pretor contra la voluntad del príncipe, dice San Agustín, con mucha más razón no se debe obedecer al príncipe contra la Voluntad de Dios." ([4])

Aunque la ley natural y la divina proceden inmediatamente del mismo origen, sin embargo, ésta se haya subordinada a la primera que es inmutable, de modo que Dios mismo no la quiere variar, pues es la regla de los mandamientos que nos impone; y finalmente la obediencia que debemos a la ley divina, está fundada en la obligación que nos impone la misma ley natural, de obedecer a Dios. De modo que cuando estas leyes parezcan hallarse en oposición, las humanas deben ceder a las dos primeras; y la divina misma cesa en los casos particulares en que no pueda conciliarse con la ley natural. Jesucristo reprendió a los fariseos que por observar la ley del sábado, violaban la ley natural de la caridad. ([5])

Las leyes humanas se dividen en eclesiásticas y civiles; las primeras conciernen directamente al bien espiritual de la Iglesia y emanan de la potestad espiritual; las segundas se refieren inmediatamente al gobierno temporal y tienen su origen en la autoridad del soberano. Aunque en los designios de la Providencia, el orden temporal sea re-

---

[4] Tract. De Verbo Domini, Serm. 6, cap. 8.
[5] S. Math. Cap. XII, v. 42.

lativo al espiritual, son independientes estas dos especies de leyes, porque cada una tiene su imperio separado.

Las leyes eclesiásticas y las civiles comprenden bajo de sí diferentes clases de leyes que guardan cierta subordinación unas con respecto a las otras, o por razón de la autoridad que las crea, o por el fin a que se refieren. Así en el gobierno eclesiástico, los estatutos sinodales pueden ser reformados por los Concilios Provinciales y los cánones de estos Concilios pueden ser abolidos por los Ecuménicos.

Explicada ya la recta noción de la ley genéricamente considerada, se comprenderá con mayor facilidad lo que es la ley eclesiástica. Esta se define así: **Ordinatio stabilis superioris ecclesiastici ad bonum commune fidelium promulgata.** De cuya definición se desprende, que para constituir la ley, se requiere necesariamente que ésta sea promulgada para que llegue a conocimiento de la comunidad. **"Leges instituuntur cum promulgantur".** ([6])

Wernz define así la ley eclesiástica: **Lex ecclesiastica vel canon, est praeceptum stabile a Superiore ecclesiastico communitati promulgatum.** ([7]) En cuya definición se advierte fácilmente la diferencia que hay entre una verdadera ley eclesiástica y entre un mero consejo o precepto de la Iglesia. Igualmente, las leyes eclesiásticas que solamente pueden decretarse por el Superior eclesiástico, esto es, por persona física o moral dotada de jurisdicción espiritual, se distinguen de los estatutos dados por convenio de los socios, o en virtud de alguna potestad dominativa y no de jurisdicción espiritual. Por lo que la resolución de la cuestión de si acaso una persona o corporación o alguna congregación eclesiástica pueda dar o no verdaderas leyes eclesiásticas, depende de aquella cuestión prejudicial de si acaso esté dotada de jurisdicción espiritual. Con esta norma rectamente aplicada, con facilidad podrá cualquiera formarse un juicio justo y verdadero de aquella triple división moderna **"fontium derivatorum"** en costumbres, legislación y autonomía. ([8])

El mismo P. Wernz divide las leyes eclesiásticas del modo siguiente:

Por razón del Sujeto, en Constituciones o Decretales de los Romanos Pontífices, Decretos de los Concilios etc., etc.

Por razón del Objeto, en leyes afirmativas y negativas.

Por razón de la Forma, en escritas y no escritas.

Por razón del Efecto, en prescribentes, prohibitivas, permitentes, penales, irritantes, odiosas y favorables.

Por razón del Ambito, en territoriales y personales, en universales y particulares, en generales y singulares y especiales.

Por razón de la Sanción, en imperfectas, perfectas, menos que perfectas y más que perfectas. ([9])

[6] Can. 8, inciso 1°. del N. Código.
[7] Wernz, Tit. 4, De leg. Eccles, n. 89.
[8] Suarez, cit. por Wernz en el Tit. 4 de Lege Eccles. n. 89.
[9] Wernz lugar citado.

ARTICULO II.

DEL SUJETO ACTIVO DE LA POTESTAD LEGISLATIVA EN LA IGLESIA, O SEA DE LOS LEGISLADORES ECLESIASTICOS.

Los legisladores instituidos por Cristo, están investidos de po- Nuestro Señor y otros por la misma Iglesia. De ambas instituciones trataré en este lugar con la mayor amplitud posible.

Los degisladores instituidos por Cristo, están investidos de potestad suprema o de potestad subordinada. Antes de tratar del Sujeto en quien reside la suprema potestad, hay necesidad de evitar un error; es herético decir que las **Llaves** fueron dadas a la unidad y no a uno, tanto porque el Papa sucesor de Pedro es Cabeza de la Iglesia, como porque los Padres enseñan: **"Bono unitatis beatus Petrus claves regni coelorum communicandas caeteris solus accepit"**; que por el bien de la unidad, solo Pedro recibió para comunicarlas a los demás las llaves del reino de los cielos; por lo cual y con justa razón, fué condenada la herética proposición de Rocherio, **"Christus fundando Ecclesiam prius et immediatius claves seu jurisdictionem toti dedisse Ecclesiae quam Petro"**. Es cierto que algunos escritores católicos, teniendo en cuenta no al sujeto próximo sino más bien al fin, enseñaron que las llaves fueron entregadas por Cristo a la Iglesia; pero esta sentencia discrepa absolutamente de los errores de Richerio, porque éste entiende por la Iglesia toda la multitud de los fieles, mas aquellos solo al Papa y a los Obispos. **"Potestas clavium data est Ecclesiae, hoc est, Pontifici et Episcopis, et his quidem, cum subordinatione ad Pontificem Petri Successorem".** (1) La potestad de las llaves fué dada a la Iglesia, esto es, al Pontífice y a los Obispos y a éstos ciertamente con subordinación al Pontífice sucesor de Pedro.

Pedro, constituido Príncipe de los Apóstoles, recibió del mismo Cristo una jurisdicción **suprema,** universal e inmediata. Ahora bien, esta potestad fué trasmitida a los sucesores de Pedro. A esto se refieren las palabras de Cristo por las que es constituido un Pastor a toda la grey, por las que se coloca el cimiento del edificio y se constituye la Cabeza visible a la cual se ha dado la suprema potestad de atar. **"Pasce agnos meos".** (2) Además, el Conc. Vaticano decretó la siguiente condenación: **"Si quis igitur dixerit, beatum Petrum Apostolum a Christo Domino constitutum non esse Apostolorum omnium principem et totius Ecclesiae militantis visibile caput; vel eumdem honoris tantum, non autem verae propriaeque jurisdictionis primatum ab eodem Domino nostro Jesuchristo directe et immediate accepisse, anathema sit".** (3) Siendo el Papa como Sucesor que es de Pedro, Jefe de la Iglesia uni-

---

1 Huguenin, Cap. II, De variis legislatoribus. Eccl. n. 53.
2 S. Juan XVI, v. 15.
3 Act. del Conc. Vatic. Cap. 1°. de Eccles.

versal, puede dar leyes obligatorias a todos los cristianos: "**Legibus generalibus tenentur ubique terrarum, omnes pro quibus latae sunt**". ([4])

Pedro es el encargado de apacentar las ovejas y corderos, es decir, a los Obispos y a los fieles. Solo a Pedro y a sus sucesores confió el Salvador divino las **llaves** que son el símbolo del poder monárquico y soberano. Los Padres nos representan al Papa como Cabeza de toda la Iglesia, como Príncipe y Pastor de los pastores; expresiones que solo pueden convenir a aquel que tiene el derecho de gobernar a todos. De modo que según el Concilio de Florencia, el Pontífice Romano extiende su Primado a todo el universo y en cualidad de sucesor de Pedro, ha recibido de Jesucristo pleno poder para apacentar, regir y gobernar la Iglesia universal: "**Plenam potestatem pascendi, regendi et gubernandi universalem Ecclesiam**". ([5])

Aunque Pedro obtuvo el Primado, sin embargo, no solo él está investido de potestad. Pues Cristo invistió también de poder a los Apóstoles unidos a Pedro, aunque con la condición de que estuviesen sujetos a la autoridad de la Cabeza en el uso de su potestad. Pues en lugar de los Apóstoles sucedió el Cuerpo de los Obispos. En efecto, tienen los Obispos el derecho de dar leyes para sus respectivas Diócesis. Están establecidos por el Espíritu Santo, dice el Apóstol, para gobernar la Iglesia de Dios. "**Attendite vobis et universo gregi, in quo vos Spiritus Sanctus posuit regere Ecclesiam Dei**". ([6]) palabras expresadas en su alocución a los presbiteros de Efeso.

Mas ora que su jurisdicción venga inmediatamente de Jesucristo, ora la hayan recibido del soberano Pontífice, están subordinados, según opinión unánime de los Padres de la Iglesia, de los canonistas y de los católicos en general, constante y radicalmente a la autoridad de la Santa Sede Apostólica, en el ejercicio de sus poderes espirituales. "**Episcopi qui successores sunt apostolorum, bene ferre possunt leges pro suis dioecesibus sine consensu capituli, exceptis rebus quae cedere possunt in praejudicium capituli vel cleri**". ([7]) Los Obispos que son sucesores de los apóstoles, pueden decretar leyes para sus diócesis sin el consentimiento del Cabildo, a excepción de aquello que pueda ceder en perjuicio del Cabildo o del clero.

Así pues, el Sumo Pontífice no es el único Sujeto de la potestad de las **llaves**, puesto que esta potestad no fué otorgada divinamente solo a Pedro, esto es, a **uno**, si no a la **unidad** o sea el Colegio Apostólico. Las **llaves** fueron dadas por Cristo a **uno**, porque el primado fué instituido en Pedro; fueron dadas a la **unidad**, porque la potestad pública y gubernativa fué instituida por Cristo en los Apóstoles. Con el nombre de **unidad** los Padres comprenden a los Obispos unidos al R. Pon-

---

[4] Canon 13 del N. Código.
[5] Dicc. de Der. Can. cit.
[6] Act. Apost. XX, v. 28.
[7] S. Alfonso, Teol. Moral Trat. De Lege eccles.

tífice y que forman la Iglesia docente o regente. Así deben entenderse aquellas palabras de San Agustín: **"Claves non homo unus, sed unitas accepit Ecclesiae".** ([8]) Si se dijese que solamente a **uno** fueron otorgadas las **llaves,** la potestad de los Obispos parecería entonces vicaria o delegada. Si se dijera que las **llaves** fueron dadas solamente a la **unidad,** quitado el primado, se induciría a una perfecta democracia. Cuando se asienta que las **llaves** fueron dadas por Cristo a **uno** y a la **unidad,** debe entenderse del modo siguiente: 1°.—Que el Primado de jurisdicción reside en el Sucesor de Pedro y Vicario de Cristo: 2°.—Que la potestad pública y rectoral emanada de la divina institución, reside en los Obispos sucesores de los Apóstoles: y 3°.—Que la subordinación de esta potestad se debe a la autoridad de la Cabeza, sin cuya subordinación se destruiría el mismo Primado. Consecuencia: Luego el Sujeto de la potestad eclesiástica es el Colegio Pedro-Apostólico, al que sucedió el Cuerpo episcopal. Mas el Colegio apostólico incluye necesariamente a Pedro como Cabeza de la Iglesia y centro de la **unidad.** ([9])

Debo tratar en este lugar por lo tanto, del lazo de unión que hay entre el Primado y el Episcopado. Aunque la potestad instituida en Pedro y en los apóstoles parece como que reside en doble Sujeto, ya singularmente en el Vicario de Cristo o ya colegialmente en el Cuerpo de los Obispos unidos al Pontífice, sin embargo, es un solo episcopado bajo múltiple respecto, si se considera el origen y el ejercicio de la potestad de apacentar por la doctrina y de gobernar por las leyes. El origen de esta potestad, debe tomarse de Pedro en quien Cristo confirió la plenitud de la Iglesia y la cual hizo llegar a cada uno de los apóstoles. Si antes infundió en Pedro la plena potestad, no podía conferirla de otro modo sobre los demás apóstoles, que derivándola de la plenitud conferida a Pedro. Por cuyo motivo se expresa así San Cipriano: **"In Petro, Dominus unitatis originem instituit: Episcopatus unus est"** en la raíz y en la Cabeza, esto es, en Pedro y en sus sucesores. ([10])

En efecto, la suprema potestad eclesiástica se ejerce de dos modos: ya por el Romano Pontífice al cual asienten los Obispos, o ya por el Concilio general al cual se añade la confirmación del Sumo Pontífice. No obstante, tal potestad es única; porque Pedro o el Romano Pontífice su sucesor, debe ser tenido como parte esencial de la Iglesia regente, tanto porque Cristo confirió a él solo primeramente la suprema potestad, como porque no puede concebirse la Iglesia regente sin el centro de la unidad ya constituido divinamente. Luego así como el Colegio apostólico consta de los apóstoles unidos a Pedro, así también el Cuerpo episcopal comprende a los Obispos unidos al Romano Pontífice como a su Cabeza.

---

[8] S. Agustin, Serm. 295.
[9] Doctrina de Huguenin lug. cit.
[10] Huguenin lug. cit.

Respecto a la duración de esta potestad, debe decirse que Cristo, cuando confirió a Pedro y a los apóstoles la potestad de regir a la Iglesia indefectible hasta el fin de los tiempos, por lo mismo instituyó en sus sucesores la perpetuidad del Primado y del Cuerpo episcopal. Luego lo que se dice de Pedro y de los apóstoles, debe decirse también del Romano Pontífice y de los Obispos en general. Y esta doctrina la definió terminantemente el Concilio Vaticano, cuando dijo: **"Si quis dixerit, non esse ex ipsius Christi Domini institutione seu jure divino, ut beatus Petrus in primatu super universam Ecclesiam habeat perpetuos successores; aut Romanum Pontificem non esse beati Potri in eodem primatu sucessorem, anathema sit".** ([11]) Si alguno dijere que no es de derecho divino o de la institución del mismo Cristo nuestro Señor, que el B. Pedro tenga sucesores perpetuos en el Primado sobre toda la Iglesia, o que el R. Pontífice no es el Sucesor de San Pedro en el mismo primado, sea excomulgado. Pues así como el mismo Concilio anatematizó, según se ha visto anteriormente, al que dijere que el B. Apóstol Pedro no fué constituido por Cristo Nuestro Señor príncipe de todos los apóstoles y Cabeza de toda la Iglesia militante, o que no recibió del mismo Nuestro Señor Jesucristo más que el Primado de honor y no el de verdadera y propia jurisdicción directa o inmediatamente, así en este nuevo Decreto lanza su anatema contra los que se atrevan a negar la sucesión divina de los Pontífices en el gobierno de la Iglesia Católica.

La perpetuidad del Primado lo mismo que su institución, emanan del derecho divino, puesto que el primado fué dado por Cristo a Pedro, para afianzar la unidad de la Iglesia; es así que la unidad es la que constituye la propiedad esencial de la Iglesia de Cristo que ha de perdurar hasta el fin de los tiempos. Luego el Primado deberá ser perpetuo, así como la misma Iglesia que deberá existir hasta la consumación de los siglos.

Los Teólogos y Canonistas deducen la verdad anterior de las palabras de Cristo: **Tu es Petrus, et super hanc petram aedificabo Ecclesiam meam, et portae inferi non praevalebunt adversus eam.** ([12]) El episcopado es también perpetuo; la Iglesia siendo como es indefectible, es inmutable en su constitución divina. Es así que el episcopado instituido por Cristo en el Cuerpo episcopal, pertenece a la constitución de la Iglesia que ha sido fundada divinamente: Luego el episcopado es y debe ser perpetuo, puesto que la forma de régimen de la Iglesia no puede destruirse jamás, esto es, el Cuerpo episcopal que consta de cabeza y miembros. Por cuyo motivo, de conformidad con la Tradición antiquísima de los tiempos, siempre han sido reconocidos el Sumo Pontífice como Sucesor de Pedro y los Obispos como sucesores de los Apóstoles.

---

[11] Actas del Conc. Vatic. Cap. De Eccles., II.
[12] S. Math. Cap. XVI, v. 19.

Habiendo demostrado que el Primado o sea la potestad suprema en la Iglesia reside en el R. Pontífice como Sucesor de Pedro, trataré luego de la potestad subordinada a dicho Primado, con el fin de exponer la noción de esta potestad, considerándola antes en cada uno de los Apóstoles y después en sus sucesores que son los Obispos diocesanos. Para lo primero, deberán tenerse en cuenta dos cosas: a saber, el origen divino del mismo apostolado y la potestad subordinada de cada uno de los apóstoles.

Se prueba el orígen divino del apostolado. Pues Cristo no solamente instituyó el Colegio apostólico, sino que también El mismo envió a cada uno de los apóstoles y los proveyó de alguna potestad diciéndoles: **"Euntes docete . . ."** ([13]) De allí se comprenden las palabras de San Pablo: **"Pro Christo ergo legationem fungimur"**. ([14]) **"Paulus apostolus per Jesum Christum"**. ([15]) Luego cada uno de los **"Paulus apostolus per Jesumchristum"**. ([15]) Luego cada uno de los apóstoles gozaba de cierta potestad conferida por Dios.

Cómo era subordinada esta potestad, voy a explicarlo. La unidad constituida por Cristo, pedía que los apóstoles reconociesen a Pedro como cabeza de la Iglesia. De aquí resulta que aquella potestad concedida a cada uno de ellos, estaba subordinada a la jurisdicción del Supremo Pastor. **"Poterat (Petrus) eos obligare et ipsorum leges abrogare"**. ([16]) Tal dependencia que provenía de la institución del Primado, fué observada rigurosamente por los apóstoles; para este fin se les atribuye doble perrogativa personal, esto es, la infalibilidad en la fe y la indefectibilidad en la caridad. Dotados de estas dos prerrogativas, todo lo que hacían era con el asentimiento de la autoridad suprema; y esta manera de obrar fué siempre la norma de sus sucesores en toda la existencia de la Iglesia.

De dos modos principalmente debían los apóstoles honrar el Primado de Pedro; el primero consistía en la comunión que debían tener con la Cabeza; cuya necesidad de comunión, podía considerarse de dos maneras: o teniendo en cuenta a los apóstoles que por oficio estaban obligados a conservar la comunión con Pedro, o teniendo en cuenta a las iglesias que ellos mismos instituyeron, con la condición de que mirasen a Pedro como Cabeza de la Iglesia y se sujetasen a su gobierno. El segundo modo de honrar el Primado, consistía en que los apóstoles llevaban a Pedro para su resolución, las causas mayores o las que pertenecían a la Iglesia universal.

Para lo segundo, esto es, para considerar la noción de la potestad subordinada en los sucesores de los apóstoles que son los Obispos diocesanos, veamos de qué manera son estos su verdaderos sucesores.

---

13 S. Math. Cap. XXVIII, v. 19.
14 Epist. II Corint. Cap. V, v. 20.
15 Epist. Galat. C. I. v. 1.
16 S. Alfonso. lbr. I. 104. Verum.

Ya se encarga de declararlo con mucha claridad, el Canon 329: **"Episcopi sunt Apostolorum successores atque ex divina institutione peculiaribus ecclesiis praeficiuntur quas cum potestate ordinaria regunt sub auctoritate Romani Pontificis".** Los obispos son los sucesores de los Apóstoles que presiden por institución divina las iglesias particulares y las gobiernan con potestad ordinaria bajo la autoridad del R. Pontífice. ([17]) Y el Conc. Tridentino ya había asentado igual doctrina diciendo: **"Episcopos qui in Apostolorum locum successerunt, ad hierarchicum ordinem praecipue pertinere, et positos a Spiritu Sancto regere Ecclesiam Dei, eosque presbiteris superiores esse".** ([18]) Que los Obispos que sucedieron en lugar de los Apóstoles, pertenecen especialmente al orden jerárquico, y han sido puestos por el Espíritu Santo para regir la Iglesia de Dios y son superiores a los presbíteros.

Conviene dar alguna ampliación a las palabras del Concilio ya citadas: Solo el R. Pontífice sucedió personalmente a Pedro: El Conc. de Florencia **in Decreto Unionis,** declara: **Definimus ipsum Pontificem Romanum successorem esse beati Petri principis Apostolorum, et verum Christi Vicarium".** Definimos que el mismo R. Pontífice es sucesor de San Pedro Príncipe de los Apóstoles y verdadero Vicario de Cristo. ([19])

El Cuerpo episcopal sucedió al Colegio apostólico, supuesto que los obispos juntamente con el Sumo Pontífice constituyen la Iglesia regente. Los Obispos ocupan en general el lugar de los apóstoles, pero no cada uno de ellos sucede a los otros con la íntegra potestad de los apóstoles. Porque los obispos no están adornados de las prerrogativas personales de los Apóstoles, v. g., del don de milagros, de la confirmación en la gracia y de la infalibilidad, con las que comprobaban su divina misión y se mantenían en la unidad. Ni el don de hacer milagros, ni la infalibilidad debieron llegar a cada uno de los sucesores de los apóstoles, tanto porque una vez comprobada la institución divina de la Iglesia, ya no fué necesario más tiempo el don de hacer milagros, como porque siempre se ha cuidado, para conservar la unidad, que la autoridad de cada uno de los obispos se sujetara a la Cabeza de la Iglesia, por la cual puede aumentrse, disminuirse o quitarse.

La potestad de cada uno de los apóstoles, una fué extraordinaria y otra ordinaria que fué la trasmitida a los Obispos; o lo que es lo mismo, que tal potestad puede distinguirse en Apostolado y en Episcopado. Al Apostolado pertenece la potestad de fundar en todas partes, iglesias, e instituir a los obispos; esta potestad que fué ordinaria en Pedro al cual sucedió el R. Pontífice, fué personal y extraordinaria en los otros apóstoles los cuales bajo este respecto, no tuvieron personalmente sucesores. Por cuyo motivo, ya fundadas y ordenadas la igle-

---

[17] N. Código de Ley, Can.
[18] Sess. XXIII, Cap. IV.
[19] Huguenin pag. 27, n. 61, cita este Conc. celebr. en 1439, en su Expos. Meth. Jur. Can.

sia, esta potestad cesó con los apóstoles, toda vez que había quedado terminada la obra por la que se les había concedido. La autoridad del episcopado abrazaba toda la potestad de orden, juntamente con la facultad de gobernar las iglesias particulares; en esta potestad suceden los Obispos a los Apóstoles.

Para formarse una idea del genuino origen de la potestad episcopal, deben distinguirse cuidadosamente los derechos ordinarios y extraordinarios de los apóstoles. ([20]) Los ordinarios, son los mismos que tienen los obispos y que están consignados en el derecho común; los extraordinarios, ya no gozaron de ellos, porque, como ya se ha consignado anteriormente, cesaron con los Apóstoles.

Trataré ahora de la división de las Diócesis. Puesto que cada uno de los obispos sucede a los apóstoles en cuanto que se les destina para regir las iglesias particulares, y como el cargo episcopal no tiene por derecho divino determinación cierta, ni en el territorio ni en los actos de la jurisdicción, se infieren de ahí varias conclusiones:

Primera:—Cristo envió a los Apóstoles a anunciar el Evangelio a todo el mundo sin distribuirlos en determinadas ciudades; pero luego ellos mismos, habiendo crecido el número de los fieles, instituyeron aquella división que juzgaron necesaria para poder gobernar. Se constituyeron ciertos límites dentro de los cuales cada obispo ejerce su jurisdicción; por eso el territorio asignado a cada obispo, se llama Diócesis.

Segunda:—Los Obispos diocesanos no ejercen la plenitud de la potestad; de otra suerte habrían tantos miembros independientes de la Iglesia, cuantos obispados existiesen. Para el fin de la unidad, están sujetos a la autoridad superior de los Pontífices y de los Concilios y su potestad está sujeta a ciertos límites.

Tercera:—Solo la Iglesia Católica consta de Diócesis como Iglesias particulares. Las Diócesis se llaman en verdad Iglesias y se equiparan a las sociedades perfectas, porque su régimen imita el gobierno de la Iglesia universal. Y se llaman Iglesias particulares, porque dependen de la Iglesia romana de la que son hijas e imágenes; y así el Obispo gobierna su Iglesia particular que es parte de toda la Iglesia. Todos los obispos deben cuidar que las iglesias particulares que cada uno de ellos gobierna, se adhieran al centro común y se sujeten a una sola Cabeza; así se efectúa y conserva la unidad de la Iglesia, cuando todos los miembros reconocen una sola Cabeza y un solo Centro al cual están unidos íntimamente.

¿Quiénes son ahora, los Legisladores instituidos por la Iglesia?—Además de la Suprema Potestad en virtud de la cual se establecen leyes generales ya por el Papa o por los Concilios Ecuménicos: además de los Obispos que por derecho divino pertenecen a la Jerarquía eclesiás-

---

20 Huguenin, cita a Phillips, pag. 27, n. 61 en Expos. Method. Jur. Can. Droit ecclesiastique, livre. I, cap. IV.

tica y presiden las iglesias particulares, existen por institución clesiástica otros legisladores, a saber: Los Concilios particulares y ciertas personas que obtienen jurisdicción. Respecto de los primeros, se distinguen tres clases de Concilios, tanto por razón del que los preside, como por razón de los Obispos de que constan y por razón de la iglesia particular que tiene su derecho conciliar:—I. el Concilio patriarcal, II. el Concilio Nacional que presiden los Primados y III. el Concilio provincial convocado por el Arzobispo.

Los Legisladores en estos Concilios, son no solo los Patriarcas, Primados y Metropolitanos como Presidentes de ellos, sino también todos los Obispos con que se forma el Concilio. La razón es obvia; ya porque cada Obispo es Legislador en cada una de las Diócesis de que consta la Provincia eclesiástica, o ya porque la preeminencia de los Metropolitanos como que fué instituida por la Iglesia, en nada substrae los derechos de los Obispos. En efecto, los Concilios o los Obispos reunidos para tratar los intereses de la Iglesia, pueden igualmente dar leyes. Si los Concilios son generales o Ecuménicos, las leyes que emanan de ellos, serán generales y obligatorias a todos los fieles y Clérigos sin distinción de paises; porque el Concilio general, representa la Iglesia universal. Si son particulares, sus decretos no obligan más que a las iglesias o Diócesis que están representadas por estos Concilios; y aun no llegan a ser obligatorios sus decretos para una Diócesis, mientras no los suscriba el Obispo. Porque además de lo relativo a los Metropolitanos, los obispos reunidos o separados no tienen jurisdicción en las Diócesis que les son extrañas. Así que sus actos no pueden obligar a los demás Obispos, a no ser que los confirme el Soberano Pontífice y los haga obligatorios para todas las Iglesias o Diócesis de la Provincia o Reino.

En cuanto al Sínodo Diocesano diré que el gobierno de la Diócesis imita el régimen de la Iglesia universal. Pues así como el derecho común se da por el R. Pontífice o por el Concilio general, así el derecho diocesano se establece por el Obispo o por el Sínodo diocesano. La diferencia está en que solo el Obispo ejerce la potestad legislativa en el Sínodo, puesto que los Obispos constituyen con el Sumo Pontífice la Iglesia regente y ellos mismos son los jueces en los Concilios generales. La razón de esta diferencia consiste en que los presbíteros solamente son auxiliares del Obispo y no son legisladores. ([21])

Por último el Capítulo Catedral puede durante la vacante de la Silla episcopal, dar las disposiciones que juzgue necesarias, antes de ser electo el Vicario Capitular, pero sin el derecho de abolir los Estatutos diocesanos, ni hacer innovaciones que puedan ser perjudiciales. ([22])

---

21 Doctrina de Huguenin, Expos, Meth. Jur. Can. Art. II De legislat. Eccl. nos. 64, 65, 66 y 67.

22 Huguenin lug. cit. n. 67.

Entre las personas que obtienen jurisdicción, se cuentan los Legados pontificios; al R. Pontífice compete el derecho de enviar Legados ya fijos o ya temporales que hagan sus veces en alguna Nación o Reino. Entre los varios derechos de que están investidos los Legados, pueden tener también la facultad de establecer o dictar leyes particulares que obligan a las Provincias en que representan al R. Pontífice: tal aconteció en Francia en 1802 con el Emo. Card. Caprara.

Los Prelados que gozan de jurisdicción quasi-episcopal, v. g., los Abades, los Vicarios Apostólicos, el Vicario Capitular, gozan de la potestad legislativa sobre sus respectivos súbditos.

Los Generales de las Ordenes regulares junto con el Capítulo regular, pueden decretar estatutos perpetuos que tienen fuerza de leyes; porque por sus Constitutiones aprobadas por la Santa Sede, reciben la potestad de gobernar a sus súbditos aun dándoles leyes. **"Superiores et Capitula ad normam constitutionum et juris communis, potestatem habent dominativam in subditos; in religione autem clericali exempta, habent jurisdictionem ecclesiasticam tam pro foro interno, quam pro externo".** ([23]) Los superiores y los capítulos según la norma de las Constituciones y del derecho común, tienen potestad dominativa sobre sus súbditos; más en la religión clerical exenta, tienen jurisdicción eclesiástica tanto en el fuero interno como en el externo.

A las comunidades eclesiásticas, v. g., los Cabildos, compete la autonomía, en virtud de la cual pueden decretarse algunos Estatutos, sin menoscabo de la autoridad episcopal. **"Statuta capitularia, per legitimum actum capitularem condita, approbanda subjiciantur Episcopo, sine cujus auctoritate postea nec abrogari possunt nec mutari".** ([24]) Los Estatutos capitulares dispuestos por un acto legítimo capitular, sujétense al Obispo para su aprobación, los que no podrán abrogarse o mudarse sin su autoridad.

---

23 Canon 501, inc. 1°.
24 Canon 410, inc. 2°.

ARTICULO III.

DEL OBJETO O MATERIA DE LAS LEYES ECLESIASTICAS

El objeto de la ley generalmente hablando, es todo lo que la ley puede mandar o prohibir. Son objeto de la ley, todos y solo los actos cuya ejecución u omisión pueden conducir al bien común. Todos los actos indiferentes tomados distributivamente, pueden ser objeto de la ley; porque pudiendo tales actos conducir al bien común, pueden por lo mismo mandarse o prohibirse.

La materia de la ley, es la misma regla que se propone y que debe estar dotada de dos cualidades, a saber:—1a. Que sea racional, esto es, honesta y conforme al orden; porque la equidad de las leyes consiste en su conformidad con la ley eterna.—2a. Que conduzca al fin de la sociedad, pues la potestad legislativa fué dada por Dios como un instrumento de su altísima Providencia, para proponer y excogitar los medios que han de emplearse para que la sociedad pueda conseguir su fin. Por cuyo motivo, la ley será nula si la regla propuesta se opone a la ley divina; y tendrá qué abrogarse si deja de conducir al fin de la sociedad.

La potestad legislativa de la Iglesia se extiende a todas las materias que son necesarias para alcanzar convenientemente el fin de la misma. Cualquiera controversia que pueda nacer acerca del ámbito de la potestad legislativa, no solamente puede resolverse de **mutuo consensu** entre la Iglesia y la potestad civil, sino aun por la declaración infalible o mandato de sola la suprema autoridad eclesiástica. Así lo entienden Suárez, Phillips, Hinschius y otros, en donde haciendo a un lado muchas exageraciones, no raras veces se propone la genuina doctrina católica contra las interpretaciones malévolas y poco cuidadosas, por desgracia, hasta de escritores católicos.

En general, puede decirse que las leyes eclesiásticas necesariamente versan sobre materias honestas, justas, posibles, útiles y acerca de actos buenos o indeferentes; pueden ordenar también los actos comunes de una virtud cualquiera que no excedan la facultad moral de los hombres; pero ni de **hecho** ni de **derecho** pueden extenderse ordenando los actos de todas las virtudes, o prohibiendo estrictamente todos los pecados o delitos. Más los actos heróicos que no se ejecutan sino con enorme dificultad y exigen violencia, **ordinarie** y **per se** no pueden prescribirse por las leyes eclesiásticas. Pues el objeto propio y directo de las leyes eclesiásticas, es prescribir lo que conduce al fin sobrenatural, esto es, los actos sobrenaturales en las cosas de **fe**, de **costumbres** y de **disciplina**, y prohibir aquellos delitos que se oponen a estos actos sobrenaturales. Son objeto de las leyes eclesiásticas aunque **indirecto**, las cosas temporales y mixtas bajo su aspecto temporal, en cuanto lo exige el fin de la Iglesia.

La potestad legislativa de la Iglesia, por cuanto que declara un derecho ya existente, por medio de las interpretaciones auténticas, no solo abraza los actos futuros, sino aun los pretéritos y pendientes; pues en cuanto que constituyen un nuevo derecho, no se extiende **per se** y como por propia naturaleza a las leyes precipientes, prohibentes o penales a asuntos pasados y pendientes, sino solamente a los futuros. Sin embargo, por voluntad del legislador, la constitución eclesiástica puede extenderse por lo que mira a algunos efectos, aun a los actos pendientes o pasados, con tal que haga advertencia **nominatim** de los actos pendientes o pasados. De aquí resulta que los actos pretéritos pueden ser objeto: primero, de una ley irritante o rescindente, a no ser que la rescisión del acto repugne al derecho divino. Así, el matrimonio ya contraido válidamente no puede rescindirse por una ley irritante posterior. ([1])

Respecto a que la Iglesia puede ordenar o prohibir con sus leyes **directe** los actos externos aun ocultos, e **indirecte** los actos internos que se relacionan íntima y necesariamente con los actos externos, no hay controversia alguna según doctrina sostenida por el P. Wernz, Lugo, Suárez y otros Teólogos y Canonistas. ([2])

El propio P. Werns, en su Tratado citado en la Nota, sostiene que los actos meramente internos no pueden ordenarse o prohibirse por las leyes humanas **directe** en el fuero externo en virtud de sola la jurisdicción eclesiástica; cuya doctrina ha sido prohijada por los Canonistas ya citados antes y por otros sin dificultad alguna. Porque, apropiándonos las palabras del Papa Inocencio III en el Capítulo 34, X de simonia V.3.: **"Nobis datum est de manifestis tantummodo judicare"**. Mas la potestad legislativa y judicial de la Iglesia, se extiende sobre los mismos objetos y versa sobre el mismo orden; luego así como la potestad judicial de la Iglesia, por la naturaleza del acto y por declaraciones positivas nunca puede ejercerse sobre actos meramente internos, así tampoco la potestad legislativa puede extenderse de un modo humano y eficáz sobre los mismos actos.

Porque la potestad legislativa concedida por Cristo a la Iglesia, no ha sido inútil. Las razones que en defensa de esa singular y exhorbitante potestad de la Iglesia sobre los actos meramente internos, han aducido los Teólogos y Canonistas aun entre los modernos, no tienen suficiente fuerza, pues se apartan de la común y antigua sentencia de los Padres, a más de que pueden refutarse fácil y sólidamente y se apartan las más de las veces de la cuestión. ([3])

Los medios de las sociedades se determinan por su fin adecuado;

---

[1] La anterior doctrina es de Wernz, De Objec. sive Mater. leg. eccles. pag. 115. par. del 95 al 98, edic. terc. de 1913.

[2] Wernz, Jus Decret. Tit. IV, De leg. Eccles. cap. 13.; el mismo cita a Suarez, De leg. libr. IV. cap. 13.

[3] S. Tomás, Summa Theol. IIa. IIae. q. 91. art. 4; q. 100, art. 9.

por consiguiente, la potestad de la Iglesia se extiende a todos los asuntos que tienen relación a la consecución de su fin. En efecto, la santificación de las almas o sea el fin próximo de la Iglesia por el cual se tiende al fin último, no puede adquirirse sino con fuerzas iguales, esto es, por la gracia santificante que Cristo quiso conferir por medio de los Sacramentos y por la cooperación espiritual del hombre. Pues la potestad de orden fué conferida para hacer los Sacramentos; mas la de jurisdicción fué instituida para dirigir la cooperación de los fieles y urgirla con eficacia. Ahora bien, así como la tal cooperación de los fieles se efectúa de tres maneras, esto es, por la fe, por las virtudes de cada cual y por la observancia de la disciplina, así también la potestad legislativa de la Iglesia dirige esta cooperación de diversos modos, ya enseñando las verdades de fe, ya informando las costumbres según la ley divina o estableciendo la disciplina.

Por cuyo motivo, antes de terminar el presente Artículo, diré algo sobre los Cánones Dogmáticos, Morales y Disciplinares.

1°.—De los Cánones Dogmáticos y de su índole.—Son cánones de fe, aquellos en que se propone algo que debe creerse. Su objeto es la Verdad revelada divinamente y que debe ser creida por todos los fieles. Sin embargo, conviene advertir que no todos los cánones en los que se enuncia alguna verdad, deben tenerse al punto como dogmáticos; pues se llaman dogmáticos los cánones que imponen dogmas o alguna regla de fe católica. El Dogma se define: **Veritas a Deo revelata et ab Ecclesia magisterio proposita ut firmiter credenda.** Se requieren por lo tanto dos condiciones para que el Cánon sea tenido como dogmático: Primera, la Revelación divina de la Verdad que se enseña en el Cánon; y Segunda, la proposición de la Iglesia con la obligación de creer; y como Cristo Nuestro Señor prometió su asistencia a la Iglesia, no puede existir la segunda sin que se encuentre la primera.

Notas o señales de los Cánones dogmáticos.—Para distinguir tal canon, no es preciso investigar si su doctrina se contiene en la palabra de Dios, puesto que la fe católica se apoya ciertamente en la Revelación, sino bastará saber si la doctrina del canon ha sido propuesta por la Iglesia como dogma de fe. Para comprender si la doctrina del cánon simplemente es defendida o si se propone como dogma de fe, pueden emplearse dos reglas que traigo aquí; porque los cánones dogmáticos se constituyen o bajo la forma afirmativa o bajo la forma negativa.

Primera Regla:—Los Cánones dogmáticos se decretan afirmativamente cuando la Iglesia enseña una verdad como revelada y exige la fe en ella; así lo hizo, por ejemplo, en las fórmulas de la profesión de fe, en los Capítulos dogmáticos del Conc. de Trento y del Conc. Vaticano en la Definición de la Concepción Inmaculada de la Stma. Virgen, que S. S. Pio IX enunció con estas solemnes palabras: **"Definimus doctrinam . . . esse a Deo revelatam, atque idcirco ab omnibus fidelium firmiter credendam".**

Segunda Regla:—Los Cánones son dogmáticos negativamente, cuando se condena el error como negación de la fe católica. Cuya condenación o ley negativamente dogmática, puede hacerse de triple manera: 1a. Si son tenidos como herejes los que aseguran lo contrario; 2a. Cuando los Concilios publican sus decretos bajo esta forma: **Si quis dixerit . . . anathema sit**; y 3a. Si se fulmina sentencia de excomunión contra los que los contradigan. Estos modos segundo y tercero, deben entenderse en esta forma: los cánones en que se decreta anatema o excomunión contra los disidentes, son dogmáticos siempre que en ellos se trate de cosas de fe; ya que en los antiguos concilios aun los cánones que no pertenecen a la fe, se sancionan con la misma pena de excomunión o de anatema.

2°. De los Cánones de costumbres:—Respecto de éstos, deben investigarse tres cosas:—1a. Si tales cánones difieren de las leyes disciplinares; 2a. Si todos se reducen a los cánones dogmáticos; y 3a. Cuál sea su autoridad. Es verdad que los cánones de costumbres convienen con las leyes disciplinares en que son reglas de obrar; mas los dogmas morales que no son sino verdades de los principios de costumbres, se diferencian de la noción de disciplina. Porque la disciplina, es la práctica del pueblo cristiano que prescribe la Iglesia a la sociedad religiosa que debe poner exteriormente en orden en la tierra; mas el dogma moral, versa acerca de las acciones de cada cual y que deben dirigirse por medio de las virtudes morales, al fin último sobrenatural; pues **per se** y directamente no mira al fin social o sea al orden público de la Iglesia militante. Luego los cánones de costumbres se distinguen de las leyes de disciplina, mientras la Iglesia enseñe solo verdades morales sin imponer una nueva práctica añadida a la doctrina. Alguna vez se igualan a los cánones dogmáticos y alguna vez también difieren de ellos. Los cánones de verdades morales en verdad son dogmáticos, cuando se proponen por las leyes de la Iglesia ciertos principios de costumbres, no solo para que se observen, sino también para que sean creidos.

Pero muchas veces los cánones de costumbres no llevan las notas de los cánones dogmáticos, en cuanto que interpretan la ley divina como regla de obrar, sin que se exija el acto de fe, como por ejemplo, en la condenación de muchas proposiciones heréticas. Su autoridad se toma de dos fuentes: 1a. ya por el objeto inmutable, o 2a. por su infalibilidad. 1a. Por el objeto inmutable: Así como los cánones dogmáticos establecen la regla de lo que debe creerse firmemente en las cosas de fe, así los cánones de costumbres permanecen perpetuamente firmes y estables, puesto que miran lo que en los actos humanos es **per se** bueno y se debe hacer, o malo y se debe omitir. Versan en proponer y explicar los preceptos morales divinos con que se informan las costumbres de los hombres. Y estos preceptos de costumbres venidos de la ley natural, llegan a su perfección y complemento por la ley evangélica. 2a. Por su infalibilidad: La Iglesia al decretar los cánones de costumbres, no puede errar en lo absoluto. En efecto, estando en pié la solemne promesa de Cristo, el Espíritu Santo enseña a la Iglesia todas las verdades que son necesarias para la salvación de los hombres. Es así que para conseguir la salvación son necesarias, no solo las verdades de fe, sino también las de costumbres. Luego no puede suceder que la Iglesia enseñe o prescriba algo que se oponga a la divina ley.

3a.—De los Cánones Disciplinares.—Los Cánones que no pertenecen a la fe ni a las costumbres, se refieren a la disciplina de la Iglesia. Bajo el nombre de disciplina se comprenden tanto las prácticas prescritas a la sociedad de los fieles, como las leyes con que se determinan estas prácticas; v. g., la disciplina clerical, monástica. Así como el dogma es una verdad y los cánones dogmáticos exigen fe: así como las reglas de costumbres excitan a los hombres a practicar la virtud y la Iglesia con los cánones de costumbres interpreta y propone la ley divina, así la disciplina es, en la Iglesia visible, la práctica de obrar según la fe. Además, se llaman disciplinares aquellas leyes con que se mantiene en su deber y orden a la sociedad externa de la Iglesia. Y así la disciplina consiste en la relación que introducen las leyes entre las verdades que deben creerse y la acción externa de la sociedad; pues la práctica manifiesta la fe y es como el símbolo con que se conoce y propaga la vida interna de la Iglesia. La razón es, porque entre el alma y el cuerpo de la Iglesia, existe un mutuo comercio por el cual no solamente se informa el cuerpo en el espíritu, sino que lo que opera en el alma, esto es, la vida de la fe, es favorecida y se manifiesta por el ministerio visible del cuerpo. Pues Cristo instituyó en la Iglesia medios externos de la gracia interna, a los que se añaden las prácticas sabiamente prescritas por ella.

Veamos ahora cuáles son los puntos más importantes de la disciplina eclesiástica. Los Cánones disciplinares son baluarte firmísimo de la fe, de las costumbres y de la Religión, pues versan:—I. en la tutela de la fe y de las costumbres, puesto que decretan penas contra los que delinquen en la fe y en las costumbres. A esto se refieern las censuars y otras penas eclesiásticas con que se sanciona la ley divina, v. g., contra los herejes, contra los que atentan el matrimonio írrito y sacrílego. II. en determinar los preceptos divinos y naturales, a saber, cuando señalan el tiempo y el modo en que deben observarse; de esta clase son los cánones de la observancia del domingo, de la confesión cuaresmal y comunión pascual.—III en regir la sociedad eclesiástica: de aquí la dirección de las personas; los grados y modos por los que se ha de ejercer la potestad instituida por Jesucristo; los Convenios o Concordatos entre la Iglesia y los Estados civiles.—IV. en disponer las palabras, actos y cosas que pertenecen al culto divino; cuya disciplina litúrgica comprende los cánones acerca de la administración de los Sacramentos, de la celebración del Sacrificio de la Misa, del Oficio divino, de los dias festivos, de los lugares sagrados . . . etc., etc. y—V. en la administración de los bienes temporales de la Iglesia. A esto pueden reducirse los diversos géneros de beneficios eclesiásticos.

La disciplina se distingue en mutable e inmutable; esta se refiere al derecho divino; la anterior depende de la Iglesia. La disciplina inmutable es dogmática o anexa al dogma. Se llama dogmática la que tiene su origen del mismo Cristo, v.g., la jerarquía instituida divinamente, la materia y la forma de los Sacramentos, la unidad e indisolubilidad del Matrimonio; tal disciplina pertenece a la constitución divina de la Iglesia. La disciplina anexa al dogma, se dice la que de tal suerte se une al dogma, que no puede abolirse sin que se abata o deprima la verdad del dogma; tal es la disciplina por la que veneramos la Sagrada Eucaristía; pues ésta no puede quitarse sin gran injuria del Dogma católico. Por lo tanto, esta disciplina debe también permanecer firme, más solo en lo que atañe a su esencia; porque en cuanto al modo, eso lo decreta la Iglesia.

La disciplina propia de la Iglesia es mutable; puesto que aquellas cosas que son de derecho divino se determinan por reglas especiales, de tal manera, que a la esencia inmutable de la Religión, se una siempre algo mutable y accidental, que corresponde a la ordenación de la Iglesia, y en lo cual estriba principalmente la razón de la disciplina meramente eclesiástica. Me ocurren aquí varios ejemplos: Es de fe que el R. Pontífice preside a los Obispos, pero ciertamente el Primado los gobierna con diversos vínculos, v. g., en otros tiempos los metropolitanos conferían a los Obispos la institución canónica de su provincia, pero hoy está reservada al Papa; el dogma enseña que los Obispos son superiores a los presbíteros, sin embargo, es múltiple la forma de ministerio al cual son llamados los sacerdotes por el Obispo; el Señor atrajo a los fieles al estado religioso por medio de los Consejos evangélicos, pero son varias las órdenes religiosas aprobadas por la Iglesia; Cristo instituyó en verdad la materia y la forma de los Sacramentos, pero se añaden a su sustancia, los ritos y las reglas que se refieren a la disciplina eclesiástica.

Reglas de la disciplina mutable de la Iglesia.—Regla 1a.—La Iglesia es la llamada a juzgar lo que es de derecho divino o de disciplina. En efecto, la misma potestad sagrada que por institución de Cristo juzga infaliblemente acerca de la fe, puede definir con igual autoridad, qué pertenezca a la disciplina variable, o qué al derecho divino inmutable; pues de lo contrario, si algo añadiese o quitase al derecho divino, podría decirse que no estaba suficientemente preparada para declarar la ley divina y para enseñar y dirigir a los fieles, lo cual es inadmisible en lo absoluto.—Regla 2a.—La potestad de ordenar y variar las cosas que son distintas del derecho divino y corresponden a la disciplina de la Iglesia propiamente dicha, pertenece a aquellos por quienes es regida la Iglesia.—Regla 3a.—Cuál sea la justa razón de mudar o conservar alguna ley de disciplina, esto en verdad debe ser juzgado por la misma autoridad que está investida del derecho de mudar o establecer la propia disciplina. Luego todos los que reprueban por esta sola causa los decretos disciplinares que puedan nuevamente expedirse, parecen estar de acuerdo con los sectarios. Cuando alaban la antigua disciplina de la Iglesia, y en cambio censuran o se empeñan en rechazar las leyes pontificias recientemente decretadas, tal parece que la Iglesia no será en todo tiempo la amadísima Esposa de Cristo, o que el poder a ella otorgado por el Salvador divino, está circunscrito a determinado tiempo. . . ! ([4])

[4] Toda la doctrina anterior, está tomada del P. Huguenin en su Expos. Method. Jur. Can. Cap. 1. Tit. II, nos. del 75 al 83.—Conste.

ARTICULO IV

DE LA FORMA, PROMULGACION, VACACION Y ACEPTACION DE LAS LEYES ECLESIASTICAS

En el Artículo Primero de esta Segunda Parte de mi Disertación, dí la definición de la Forma de la Ley; será bien repetirla aquí para su recordación. Es la intimación suficiente hecha a la sociedad por modo de obligación por aquel en quien reside la potestad de la sociedad. Lo que se dice en general de la forma de la ley humana, puede aplicarse también en especial a la ley eclesiástica. Por lo cual dividiremos la Forma en intrínseca y extrínseca; la forma intrínseca o interna de la ley eclesiástica, es la intención o voluntad del legislador competente, de obligar a los súbditos en una materia cuidadosamente determinada, tanto en cuanto a la substancia como en cuanto al modo y circunstancias; porque faltando tal intención, se tiene solamente un acto de mera ficción que no puede producir efecto jurídico, porque falta un acto que es esencial, a lo menos en parte, para que se pueda dar una ley humana. Mas la razón por la cual se mueve a dar la ley el legislador eclesiástico, no puede llamarse forma intrínseca de la ley canónica, sino es más bien la medida extrínseca o la regla directiva de la voluntad del legislador en cuanto a la justicia y honestidad de la ley eclesiástica. De aquí es, que la razón de la ley o la mente del legislador, como aprovecha mucho para alcanzar un mejor conocimiento de la ley, ha de tenerse en cuenta principalmente en la interpretación de la misma ley.

La Forma extrínseca de las leyes eclesiásticas consiste en cierto signo sensible; y para el efecto, requiere necesariamente palabras que expliquen suficientemente la voluntad del legislador eclesiástico. Debe notarse que no está prescrita al supremo legislador en la Iglesia, ni por el derecho divino positivo, ni por el derecho canónico, fuera de la forma necesaria que exige la misma naturaleza de la cosa, alguna otra forma determinada y solemne. Y aun cuando los Prelados inferiores de la Iglesia pueden recurrir a cierta solemnidad para las leyes que deban promulgar, no obstante, esto no está prescrito absolutamente **de facto** y universalmente por el derecho común; y si parece que hay alguna forma prescrita, no pocas veces se refiere, más a la limitación de la potestad legislativa de los Prelados inferiores, que a una solemnidad más perfecta. ([1])

La Promulgación: En cuanto a ésta, comenzaré por definirla: **Publicatio legis facta a legitima auctoritate ad obligationem in subditos inducendam.** La formalidad de la promulgación pública de la ley, es necesaria para que obligue y no basta una noticia privada de ella, porque en esta forma el precepto no está propuesto ni manifestado suficiente-

[1] Suarez, De Lege. Libros III, IV y VI, caps. 3, 14, 15 y 20 respectiv.

mente a la comunidad. El P. Wernz define la Promulgación, diciendo que, **est legis publicatio communitati facta auctoritate illius qui curam habet communitatis**; y tanto por la naturaleza de la cosa como por la sabia institución de la Iglesia, es condición que se requiere esencialmente para la ley eclesiástica, de tal manera, que un estatuto canónico sin promulgación, está destituido de valor y no induce a obligación alguna.

Para que una ley eclesiástica, que es regla para los actos de los súbditos, sea eficaz, debe **saberse** por los súbditos; esto no puede hacerse en lo absoluto sin la promulgación; luego la promulgación de la ley por la naturaleza de la cosa, es absolutamente necesaria.

Para que obligue en el fuero externo, basta la promulgación aunque no se tenga conocimiento de la ley, porque generalmente se presume dicho conocimiento para que pueda exigirse su observancia. Mas en el fuero interno se requiere necesariamente el conocimiento de la ley, porque nadie puede faltar a una obligación sin el conocimiento de la misma, lo cual es muy fácil de comprender.

Por la naturaleza de la cosa, basta que la ley se promulgue en alguna ciudad principal o de importancia, o en un lugar tal, que pueda llegar a noticia de la comunidad. Debe atenderse sin embargo, a la costumbre aceptada o a los estatutos particulares de los varios lugares, puesto que el modo de verificarse la promulgación, está en la potestad y arbitrio del legislador.

Que es necesaria la promulgación de la ley para que constituya una obligación, voy a demostrarlo:—Al definirse la ley, se dijo que es una regla impuesta a la sociedad. Es así que la promulgación es la señal única por la cual el legislador, obrando como persona pública, impone su voluntad a la sociedad. Luego se requiere la publicación solemne como complemento formal y necesario de la ley humana.

La promulgación difiere de la divulgación de la ley ya promulgada; pues la promulgación es la proposición pública de la ley hecha en nombre y autoridad del legislador, de una manera tal, que el conocimiento de la ley pueda llegar a los súbditos; más la divulgación es cierta extensión de la ley, o su declaración hecha a aquellos que no asistieron a la promulgación, ya sea que esta notificación se haga por el conducto de los magistrados inferiores, o ya por personas privadas dignas de fe. De donde se deduce que la divulgación no es necesaria para el valor de la ley.

Ciertamente que de alguna manera se excusan de la obligación de la ley los que no la hubiesen conocido de ninguna manera; pero no se requiere que se haga a cada uno la intimación jurídica; de otra suerte, nunca podría constar la promulgación suficiente de las leyes. Es necesaria la promulgación de las leyes, porque es indispensable que sean conocidas para evitar lo que prohiben o cumplir lo que mandan.

La ley, dice el Angélico Doctor, no obliga hasta que se haya hecho pública por medio de la promulgación. **"Promulgatio ipsa necessaria est ad hoc quod lex habeat suam virtutem".** ([3])

En las Decretales de Gregorio IX, al igual que en el Nuevo Código de Derecho Canónico, se lee: **"Leges instituuntur cum promulgantur".** ([4]) Ni basta tampoco que su publicación se haga en un determinado lugar; porque es necesario dejar pasar cierto intervalo de tiempo entre ella y la ejecución, para que pueda llegar a conocimiento de todos. Cuando menos, es evidente que no puede obligar en conciencia ni sujetar a los transgresores a ninguna pena sino pudieron conocerla a su debido tiempo; más en cuanto al fuero externo, tendría que probarse la falta de conocimiento de la ley, según el Derecho Canónico. ([5]) **"Ignorancia vel error circa legem aut poenam aut circa factum proprium aut circa factum alienum notorium generatim non praesumitur; circa factum alienum non notorium praesumitur, donec contrarium probetur".** La ignorancia o el error acerca de la ley o pena o acerca de un hecho propio o acerca de un hecho ajeno notorio generalmente no se presume; acerca de un hecho ajeno no notorio se presume, mientras no se pruebe lo contrario. Pero una vez que de algún modo ha llegado a su conocimiento o que ha transcurrido tiempo suficiente para ello, es indudable que no valdrá excusa alguna: **"Lex seu constitutio et mandatum nullos adstringunt, nisi postquam ad notitiam pervenerint eorumdem, aut nisi post tempus intra quod ignorare minime debuissent".** ([6]) La ley, constitución o mandato a nadie obliga sino después que haya llegado a su noticia, o después de algún tiempo dentro del cual de ningún modo debió ignorarse.

El modo de promulgar las leyes humanas no está determinado por el derecho divino, ya sea natural, ya positivo. Por la naturaleza de la cosa, es suficiente aquella promulgación de la ley por la cual pueda llegar moralmente a conocimiento de los súbditos; pues no se exige que la ley se publique con ésta o aquella solemnidad, por pregón o por la fijación del edicto solamente en la ciudad principal o en cada una de las provincias al mismo tiempo o sucesivamente. Como no está prescrita por el derecho divino una forma determinada de promulgación, debe entenderse que depende del arbitrio del legislador. Y así basta la promulgación hecha en la ciudad principal, a no ser que se exprese otra cosa; en general, para que en las Diócesis obliguen las leyes de los Obispos, es bastante que se publiquen en la ciudad episcopal.

En cuanto a las leyes Pontificias, no siempre se ha guardado la misma forma de promulgación, la cual ha variado según la diversidad

---

3 Sto. Tomás, la. IIae. quest. 90, art. 4.
4 C. I, X, de postulat. praelat., 1, 5. Can. 8, inc. 1°.
5 Can. 16, par. 2°. N. Cod.
6 Wernz, Jus Decret. De Promulg. leg.

de los tiempos. Durante seis siglos, dice Huguenin, (7) ha sido costumbre que las leyes pontificias se publiquen en Roma y se fijen allí públicamente, comenzando desde luego a tener fuerza de ley. El Canonista Ayrinhac tratando de la promulgación de la ley, refiere que en la Constitución **Promulgandi** del 29 de Septiembre de 1908, S. S. Pio X dispuso que desde el principio de 1909, todas las Constituciones Papales, leyes, decretos y cualesquiera otras disposiciones del Papa o de las Congregaciones Romanas, se insertasen en el **Acta Apostolicae Sedis** y que mientras no se ordenase otra cosa, debía bastar esto para su promulgación. (8) Esta disposición del Papa Pio X, fué aceptada por el N. Código de Leyes canónicas, pues en las **Normae generales** trae la siguiente ordenación: **"Leges ab Apostolica Sede latae promulgantur per editionem in Actorum Apostolicae Sedis commentario officiali, nisi in casibus particularibus alius promulgandi modus fuerit praescriptus; et vim suam exserunt tantum expletis tribus mensibus a die qui Actorum numero appositus est, nisi ex natura rei illico ligent aut in ipsa lege brevior vel longior vacatio specialiter et expresse fuerit statuta.** (9) Las leyes expedidas por la Sede Apostólica, se promulgan por su publicación en el **Actorum Apostolicae Sedis Commentarium Officiali,** a no ser que se prescriba otra forma de promulgarlos en algunos casos particulares; y suspenden su vigor hasta el término de tres meses después del día de su publicación en el No. del **Actorum,** a no ser que por la naturaleza del asunto, liguen inmediatamente, o se decrete especial y expresamente en la misma ley una vacación más o menos prolongada.

Antes de la expedición del N. Código, alguna vez se ha puesto en uso cierta forma particular de promulgación: v.g., el Decreto del Conc. de Trento acerca de la clandestinidad del matrimonio, se mandó publicar en todas y cada una de las iglesias parroquiales que estaban por el derecho común en la época de su celebración. (10)

Como las leyes eclesiásticas tienen por objeto las disposiciones que se refieren a los simples fieles, es costumbre publicarlas por mandato del Obispo, los domingos y días festivos en la Iglesia parroquial; también se fijan ordinariamente en el cancel o puertas de las Iglesias. Cuando las leyes conciernen solamente a los ministros de la Iglesia, basta que se publiquen en los Sínodos diocesanos o cuando los reune el Obispo.

Trataré ahora de la **Vacación de la Ley,** la cual consiste, en que verificada la promulgación de la misma, el inicio de la obligación o también de la irritación no comienza para los súbditos sino después de cierto tiempo v.g., de quince días o dos meses; ésta no ocurre nece-

---

7 Huguenin, Expos. Meth. Art. De Conditione leg. n. 90.
8 Ayrinhac, General Legislation; Promulg. of Eccles. Law, n. 96.
9 Canon 9.
10 Huguenin, lug. citado, par. 90.

sariamente por las sanciones del derecho común en las leyes de los Prelados eclesiásticos inferiores, sino que por sentencia cierta y general, aquellas leyes afectan **per se** inmediatamente a cada súbdito después de la promulgación, a no ser que el mismo legislador dispusiera otra cosa.

Aun más, para que las mismas leyes de los Romanos Pontífices o de los Conc. Ecuménicos, aun las irritantes, comiencen a obligar, por derecho común escrito o consuetudinario, según la opinión general de los canonistas, no se requiere la vacación de dos meses, sino que inmediatamente después de la promulgación verificada en debida forma, tienen **per se** fuerza de obligar, a no ser que expresamente se disponga en la misma ley, una vacación más larga o más breve.

Mas aunque aquellas distinciones entre la obligación **ad culpam** y obligación **ad poenam,** la obligación en el fuero **interno** o **externo** antes o después de pasados dos meses no se apoyan en esta materia sobre fundamento sólido alguno, sin embargo, puede concederse aquello de que al imponer las penas por la lesión de la ley universal o particular promulgada sin vacación, debe tasarse el tiempo por el juez eclesiástico dentro del cual pueda presumirse la ignorancia probable en los súbditos, de la ley promulgada recientemente. Cuyo tiempo si se trata de las leyes pontificias, el juez eclesiástico **extra Curiam Romanam,** no raras veces decreta con óptimo derecho, que se extienda a dos meses, puesto que en Roma se podría proceder contra los prevaricadores desde el siguiente día de la promulgación. ([11])

Un ejemplo notable de la Vacación de la Ley, lo tenemos en la que decretó S. S. Benedicto XV cuando dispuso en la Constitución **"Providentissima Mater Ecclesia"** que el **Nuevo** Código de Leyes Canónicas promulgado por dicha Constitución el 27 de Mayo de 1917, no comenzará a obligar sino un año después de la fecha de la Promulgación.

Nada más tengo qué tratar de la Vacación de las Leyes, puesto que generalmente los Legisladores fijan la fecha del inicio de la obligación a los súditos, en los Edictos de Promulgación.

Para terminar este Artículo, diré algo acerca de la **Recepción o Aceptación de la Ley,** la cual puede definirse así: **Submissio qua subditi, saltem quoad majorem et saniorem partem, formaliter vel virtualiter legem acceptant.** Ante todo debe observarse, que la ley, en cuanto a su fuerza de obligar, de ningún modo depende de la aceptación de los súbditos, para que el estatuto canónico obtenga todo su valor. Si esto fuera, la autoridad de las leyes junto con la del Superior, quedaría destruida, de donde resultaría la aniquilación del orden social. Consta esto, no solo por la luz del derecho natural, sino también por la proposición 28 condenada por Alejandro VII, que dice así: **"Populus non**

---

11 **Wernz, lug. cit. n. 101.**

peccat etiamsi absque ulla causa non recipiat legem a principe promulgatam." ([12])

Per accidens alguna vez no obliga la ley no aceptada, por razón del consentimiento tácito o expreso del superior, o por razón de un privilegio o de una costumbre tolerada. Así lo expresa Ferreres en su Teología Moral, en el Tratado De Lege, Capítulo V.n. 110 y siguientes.

Paso a demostrar que la ley no depende **per se** de la aceptación del pueblo.—Si la ley no obligara independientemente de la aceptación del pueblo, provendría esto, o del defecto de voluntad en el legislador o del defecto de potestad. Es así que nada de esto puede decirse: En efecto, no puede faltar la voluntad; y esto lo demuestra tanto la naturaleza de la ley que difiere del consejo, como la fuerza de las palabras precipientes, y la aplicación de las penas con que el legislador urge la observancia de la ley. Tampoco falta la potestad, puesto que el mismo Cristo dió a Pedro la potestad de gobernar a todos los fieles. Mas esta potestad legislativa resultaría vana, si el valor de las leyes dependiera del consentimiento del pueblo. Es cierto que las leyes quedan confirmadas **accidentaliter** por la aceptación de los fieles, pero no en el sentido de que así reciben fuerza de obligar, sino en el sentido de que por el uso se preservan del peligro de abrogación; pues las leyes cuya observancia se abandona, caen al fin en desuso o son revocadas por el legislador.

Que la aceptación de la ley eclesiástica por el pueblo o los súbditos, no es necesaria para que el estatuto canónico obtenga fuerza de ley y positivo valor, lo confirma el P. Wernz en su Obra citada con la doctrina siguiente: Porque la necesidad de esta aceptación, deberá tomarse o de la falta de potestad en el que impone la ley, que no puede decretarla sin el consentimiento del pueblo, o por benignidad del legislador que, sin que obste su potestad, no quiere obligar de otro modo a sus súbditos si no es aceptada la ley a lo menos por la mayor parte; en la primera hipótesis se supondría un falso principio de derecho en los legisladores eclesiásticos; y en la otra, se sostendría un hecho falso en lo absoluto. ([13]) Por lo cual, cualquiera que no aceptara una ley canónica adornada de las debidas cualidades y promulgada suficientemente, sería transgresor de las leyes eclesiásticas y debería ser obligado a observarlas por medio de las penas canónicas.

No se opone a la doctrina anterior, que los Obispos ya en lo particular o reunidos en Sínodo o en Conferencia alguna, hagan o pidan con la debida reverencia al R. Pontífice alguna súplica o reconsideración, apoyada en causa racional, y que mientras sea resuelta, se suspenda la ejecución de la ley. Por lo cual, si el Romano Pontífice escuchadas las

---

[12] Ferreres, Teol. Moral, trat. de Lege, art. 20.— y Huguenin, Expos. Meth. De Acceptantione legis, n. 92.

[13] Wernz, De Accept. Legis, n. 102; cita a Suarez De lege, libr. 1. cap. 11. n. 7; al mismo libr. 3, cap. 19; idem libr. 4 cap. 16.

razones, pronunciase su juicio y juzgare que no debe procederse a la reconsideración, sus mandatos deberán ejecutarse necesariamente y con prontitud.

Esta doctrina de la Aceptación de la ley Pontificia por los Obispos, conviene tratarla bajo doble aspecto: la cuestión de hecho y la de derecho; o sea, **juris et facti.**

Cuestión de derecho:—El Sumo Pontífice puede si quiere, obligar con sus leyes sin la aceptación de los Obispos; la razón es, porque al Pontífice compete la potestad legislativa en toda la Iglesia. Ahora bien, la potestad de dar leyes a las que no se obligara nada más que a los que consintieren, no sería potestad legislativa. A esto se refieren no solo las palabras con que Cristo confirió a Pedro y a sus sucesores una potestad no limitada por alguna potestad humana, si que también los cánones con que los concilios definen que al R. Pontífice ha sido divinamente otorgada una potestad plena.

Cuestión de hecho:—La cuestión de hecho, la resuelven Suárez y Benedicto XIV con estos principios:—La sentencia que sostiene que ciertas leyes pontificias que se refieren a la disciplina, de hecho no obligan inmediatamente antes de la aceptación, con tal que esto sea sin menoscabo de la libre voluntad del Pontífice, es lícita. Solamente de algunas, pero no de todas las Constituciones apostólicas, se presume este consentimiento de los Pontífices. Puede presumirse que tal vez alguna Constitución, aunque útil a muchas Diócesis del orbe cristiano, parezca menos oportuna para alguna provincia o Diócesis particular, con tal que se trate de aquella parte de la disciplina que tenga relación más íntima con las circunstancias de tiempo y de lugar; pero de ningún modo se consiente, dice Benedicto XIV, si se trata de las Constituciones que pertenecen a aquella disciplina **"quae sacros respicit ritus, caeremonias, Sacramenta, clericorum vita, namque isthaec omnia a pontificia auctoritate omnino pendent: ideoque Apostolicae Sedis decreta, quae circa ea prodire contingat, inferiorum judicio et censurae nullo modo subjecta esse debent"**; ([14]) que se refiere a los ritos sagrados, ceremonias, Sacramentos, vida de los clérigos, porque todo esto, depende absolutamente de la autoridad pontificia; y por lo tanto, los decretos de la Sede Apostólica que deben publicarse acerca de aquellas materias, de ningún modo deben estar sujetos al juicio y censura de los inferiores.

El Obispo que crea que por circunstancias peculiares, no convenga a su Diócesis una ley nueva, presente sus demandas a la Santa Sede. Y cuantas veces conozca la Sede Apostólica que las razones expuestas son válidas, no rehusa eximir de la ley general a una Iglesia particular.

---

[14] Benedicto XIV de Synodo, lbr. IX, cap. VIII.—Toda esta doctrina es de Huguenin. obr. cit. nos, 96 y 97, De Acceptatione legis.

Síguese ahora una cuestión de alta importancia y es la de la aceptación o recepción de las leyes de la Iglesia por los Príncipes, o sea del llamado **Plácito regio.** De ella trataré antes de cerrar el presente Artículo. Comenzaré por su definición.

El Placitum regium (Exsequatur), es la facultad atribuida a los príncipes de examinar las leyes pontificias y episcopales y de conceder o negar su publicación.—Veamos su origen histórico.—El origen del **Placitum** se remonta desde el Cisma de Occidente que duró desde el tiempo de Urbano VI, hasta el Conc. de Constanza. No existe vestigio alguno de esa fa^ultad antes de esa época. Urbano VI, con el fin de que no se introdujesen impunemente los fraudes con ocasión del Cisma, concedió que antes de que se mandase la observancia de las Constituciones Apostólicas, los Obispos averiguasen si eran venidas del verdadero Pontífice. Con este motivo, los príncipes comenzaron también a inspeccionar las Bulas, para que los pueblos no fuesen engañados por los Pseudo-Pontífices. Martin V, quitó la facultad concedida por Urbano VI; pero cesando la causa, no cesó el efecto; pues extinguido el Cisma, la potestad civil retuvo en muchas naciones el **Plácito** y lo amplió gradualmente. Primero fué usado para los rescriptos beneficiales; después se extendió a los decretos disciplinares y finalmente aun a las Bulas dogmáticas. Desde aquel tiempo, con el fin de lisonjear a los príncipes, nacieron varios sistemas por los que se les vindicaba el derecho de aprobar las leyes eclesiásticas. Algunos aseguraban que esta facultad compentía a los príncipes por derecho propio de su suprema majestad; y hubo quienes sostuvieron que las leyes de los Pontífices no obligan en conciencia si no están aprobadas por la autoridad civil. Es obvia la refutación de este sistema.

Que el Plácito no está de acuerdo con los derechos de la Iglesia, puede probarse con tres razones:

Primera:—Por la Constitución divina de la Iglesia.—La Iglesia y el Estado son dos sociedades distintas, perfectas e independientes en su orden. Es así que repugna a la independencia de ambas que una se arrogue el derecho de aprobar las leyes de la otra. Lo que puede decirse de dos Estados entre sí, debe decirse a **fortiori** de la sociedad eclesiástica respecto de la sociedad civil, puesto que la Iglesia fué instituida por Cristo con un fin sobrenatural. Ahora bien, el Plácito impide el libre ejerecicio de la potestad legislativa de ıa Iglesia, tanto por su naturaleza de sociedad perfecta, como por la voluntad de Cristo N. Señor. Luego se opone a los principios del derecho público.

Segunda:—Por la práctica de la Iglesia.—Según nuestros adversarios esta facultad debería concederse no solamente a los príncipes cristianos sino, hasta a los infieles; pero esta teoría es absurda, si nos fijamos en el modo de obrar de la Iglesia. No podemos entender con qué derecho la potestad civil deba arrogarse esta facultad; y si no puede admitirse para los príncipes cristianos, mucho menos para los infieles que solo usarían de ella para poner trabas al libre ejercicio de sus sagrados deberes. Ni puede comprenderse que si se sujetan a la jurisdicción de la Iglesia por el bautismo recibido, puedan adquirir algún derecho contra dicha jurisdicción. La Iglesia se vindicó el libre uso de la potestad otorgada por Cristo; Gregorio II escribió a León Isáurico: **"Quemadmodum Pontifex introspiciendi in palatium potestatem non habet, sic nec imperator in Ecclesias introspiciendi".** ([15]) Así como el Pontífice no tiene potestad para entrometerse en el palacio, así tampoco el emperador la tiene para inmiscuirse en las Iglesias.

Tercera:—Por la reprobación de esta costumbre.—Algunos enseñan que el Plácito debe conservarse como costumbre que dió a los príncipes por muchos años la facultad de examinar las leyes pontificias; pero para que una costumbre contra las leyes eclesiásticas pueda conservarse, se requieren a no dudarlo, **causa justa y consentimiento** de la Iglesia. Es cierto que durante el Cisma de Occidente, con motivo de la elección y autoridad dudosas del Pontífice, pareció necesario que sus leyes fuesen sujetadas a examen; de donde si alguna vez fué legal esta inspección, este no era un derecho propio, sino una concesión temporal de la Iglesia, no con el fin de juzgar y anular los Decretos Apostólicos, sino para reconocer su autenticidad o pedir su dispensa por causas peculiares.

Entre los varios argumentos de los defensores del Plácito, citaré uno que parece el más importante. Sostienen los jurisperitos civiles no católicos, que el Plácito es un derecho propio de la Majestad cesárea. Llaman **Majestad** el conjunto de derechos que pertenecen al régimen o incolumidad de la sociedad perfecta; pero sin razón alguna se enumeran entre estos derechos contra la Iglesia, el de **proteger,** de **prevenir** y el de **inspeccionar,** de donde derivan el llamado Plácito: **Jus protegendi, jus cavendi et jus inspiciendi.** Dicen también que los príncipes y gobernantes tienen el **jus moderandi cultum publicum** en la sociedad que gobiernan, y que por lo tanto, el de aprobar las leyes eclesiásticas **protectionis causa** que para que no sean dañosas a los ciudadanos. Respondo: Ciertamente los príncipes gobiernan la sociedad encomendada a ellos en el orden meramente civil: Pero Cristo instituyó la potestad eclesiástica, independiente de aquella, para dirigir a los fieles por la vía de la salvación. Es así que si los príncipes tuvieran que atender por derecho propio al fin sobrenatural de los súbditos, para nada podría servir entonces la autoridad espiritual instituida por Cristo. Luego el cuidado de la Religión no compete a los gobiernos civiles, sino única y exclusivamente en el sentido de que deben proteger su ejercicio. Pero si los Príncipes tuvieran el derecho de inspeccionar las leyes eclesiásticas, ya no serían considerados como protectores de la Iglesia, sino sus soberanos, lo cual nadie puede ni debe aceptar.

---

[15] Huguenin, Tit. II, cap. I, De acept. legis, nos. 96 y 97.

Por lo demás, y para terminar este tratado, ya para los adversarios de las libertades de la Iglesia, no ha lugar a la defensa de ese pretendido derecho de las potestades civiles, porque el Nuevo Derecho de la Iglesia consignado en el "**Novum Codex**", dice a este respecto: "**Recurrentes ad laicam potestatem ad impediendas litteras vel acta quaelibet a Sede Apostolica vel ab ejusdem Legatis profecta, eorumve promulgationem vel executionem directe vel indirecte prohibentes, aut eorum causa sive eos ad quos pertinent litterae vel acta sive alios laedentes vel perterrefacientes, ipso facto subjaceant excommunicationi Sedi Apostolicae speciali modo reesrvatae**". ([16]) Los que recurren a la potestad laica para detener las letras o cualesquiera actas provenientes de la Sede Apostólica o de sus Legados, o que prohiben su promulgación directa o indirectamente, o por su causa se perjudiquen o atemorizen ya a aquellos a quienes pertenecen las letras o actas o a otros, **ipso facto** incurren en excomunión reservada **speciali modo** a la Sede Apostólica.

El Cánon que insertamos a continuación, dá mate de un solo golpe a los defensores del llamado **Plácito regio**, pues es terminante la pena con que conmina a los atentadores contra la libertad del ejercicio del poder legislativo de la Iglesia: "**Excommunicatione latae sententiae speciali modo Sedi Apostolicae reservata plectuntur:**

1°.—Qui leges, mandata, vel decreta, contra libertatem aut jura Ecclesiae edunt.

2°.—Qui impediunt directe vel indirecte exercitium jurisdictionis ecclesiasticae sive interni sive externi fori, ad hoc recurrentes ad quamlibet laicalem potestatem". ([17]) Incurren en excomunión **latae sententiae** reservada de un modo especial a la Sede Apostólica: 1°.—Los que publican leyes, mandatos o decretos contra la libertad o los derechos de la Iglesia. 2°.—Los que impiden directa e indirectamente el ejercicio de la jurisdicción eclesiástica ya del fuero interno o externo, recurriendo para esto a alguna potestad laica.

Ya por esta parte podemos permanecer tranquilos repitiendo aquellas célebres palabras de San Agustín: "**Roma locuta est, causa finita est**".

---

16 Cánon 2333.
17 Cánon 2334.

ARTICULO V

DEL SUJETO PASIVO O SEA DE LOS QUE ESTAN OBLIGADOS A LAS LEYES ECLESIASTICAS

Desde que el hombre nace, queda sujeto a la Ley natural. Y siendo la Ley natural la misma voluntad divina que prescribe lo que es conforme a la recta razón, necesariamente debe imprimir en la mente del hombre un carácter indeleble. **Per accidens** acontece que apagada la luz de la razón, no sea conocida inmediatamente o alguna vez deja de conocerse.

Todos y solo los súbditos dotados habitualmente de razón, están sujetos a la ley humana. Lo primero, porque la ley no puede darse sino para los súbditos: lo segundo, porque los que habitualmente carecen del uso de la razón, no pueden ser gobernados por las leyes. Solo los hombres que **actualiter** gozan del uso de la razón, pueden violar moralmente la ley; porque faltando el conocimiento, nadie puede pecar según nos enseñan los Teólogos; de aquí es que los que carecen temporalmente de la razón, se dicen **excusados** del cumplimiento de la ley aunque estén a ella sujetos.

El N. Código de Leyes Canónicas dice a este respecto: **"Legibus mere ecclesiasticis non tenentur qui baptismum non receperunt, nec baptizati qui sufficienti rationis usu non gaudent, nec qui, licet rationis usum assecuti, septimum aetatis annum nondum impleverunt, nisi aliud jure expresse caveatur".** ([1]) No están obligados a las leyes meramente eclesiásticas los que no han recibido el bautismo, ni los bautizados que no gozan del uso de la razón, ni los que, aunque hayan llegado al uso de la razón, no han cumplido todavía la edad de siete años, a no ser que el derecho disponga expresamente otra cosa.

Sentados los anteriores principios, deduciremos: Que los niños y dementes perpetuos no están sujetos a la ley humana; que los dementes temporales que tienen muchos intervalos lúcidos, están sujetos a la ley, porque gozan habitualmente de razón; **per accidens** no obstante, están excusados de observarla si **actualiter** están privados de ella; que los infieles y todos los que no están regenerados con el Sacramento del Bautismo, no están obligados a las leyes eclesiásticas, porque no están sujetos todavía a la jurisdicción de la Iglesia, aunque por otra parte están obligados a ingresar a ella; que los herejes, los cismáticos y todos los que estén bautizados, **per se** están obligados a la observancia de las mismas leyes, porque aunque sean hijos rebeldes, no dejan de ser súbditos de la Iglesia Católica; que por la misma razón están obligados a ellas los excomulgados, aunque hayan sido expulsados de su seno. ([2])

---

[1] Cánon 12 del N. Código de Leyes Can.
[2] Doctrina de Ferreres, Trat. De lege, vol. II de su Teol. Moral.

En ampliación de esta doctrina, añadiré que el sujeto pasivo de la ley eclesiástica ha de determinarse de dos modos: o en general respecto de la sociedad, o en especial respecto de las personas.

El Sujeto pasivo de las leyes eclesiásticas en general, es la misma sociedad pública de los cristianos. Pues hay diferencia entre el precepto, la regla propiamente dicha y la ley; el precepto se impone a personas particulares; la regla o el estatuto afecta a comunidades menores; y la ley se dá para las sociedades perfectas. De donde se deduce que el sujeto pasivo de la ley propiamente dicha, es la sociedad pública perfecta. Es así que los Cánones se proponen a la sociedad cristiana. Luego ella misma es en general el sujeto pasivo de la ley eclesiástica. Vide Huguenin lug. cit. n. 84.

Qué personas están sujetas a la ley eclesiástica?—En tesis general, hemos dicho ya, que están sujetos a las leyes humanas todos y solo los súbditos que tienen uso de razón. Si aplicamos esta regla al derecho canónico, nace en consecuencia esta otra: **Legibus disciplinaribus subjiciuntur omnes et soli baptizati, quorum statui proportionata est lex ecclesiastica.** La razón es, porque el derecho canónico es el conjunto de las leyes eclesiásticas por las cuales se dirigen los cristianos al fin sobrenatural. Luego por la misma obligación que tenemos de procurar el fin último en el seno de la Iglesia, se nos ordena someternos a la unidad de sus divinas enseñanzas y obedecer sus leyes. ([3])

El Nuevo Código dice a este respecto: **"Legibus generalibus tenentur ubique terrarum omnes pro quibus latae sunt".** Están obligados a las leyes generales en cualquiera parte todos aquellos para quienes se han dado. ([4]) En parte por derecho divino y en parte por disposición de la Iglesia, se ha de saber quiénes están sujetos a las leyes eclesiásticas. Anteriormente he dicho que solo los válidamente bautizados sean católicos o cismáticos, los herejes aun contra su voluntad y sin su aceptación, están obligados a las leyes de la Iglesia y esto por derecho divino, con tal que habitualmente tengan uso de razón o que por disposición especial de la misma no estén exceptuados de la observancia de alguna ley canónica. Porque Dios, en virtud del carácter bautismal sujeta verdaderamente a la jurisdicción de la Iglesia a todos y solo los bautizados. Por ese motivo, los infieles y aun los catecúmenos no están sujetos directamente a las leyes eclesiásticas; pero de ninguna manera puede decirse que los príncipes seculares por el hecho de serlo, y con mayor razón siendo bautizados, están libres de los estatutos canónicos. ([5])

Las leyes eclesiásticas verdaderamente universales y vigentes en todas partes, obligan **per se** a todos los cristianos en cualquiera parte que habiten, pues a ellos se refieren por exigencia de la materia de la

---

[3] Huguenin, Expos. Meth. Cap. I, De personis legi subj. pars. 85 y 86.
[4] Canon 13 N. Código.
[5] Wernz, Jus Decret. De sub. pas. leg. eccl. nos. 103 al 106.

ley y por la voluntad del legislador. Ya hemos visto lo que el N. Código dice a este respecto. Los griegos católicos, aunque no hay duda que están obligados a las definiciones de la doctrina católica de fe y de costumbres, sin embargo, no lo están a las leyes disciplinares aunque sean universales, a no ser que se decrete alguna ley especial para ellos o se les mencione en el mandato o que implícitamente se extienda también a ellos por la materia de que se trate. Aun las Constituciones de los Romanos Pontífices dadas a uno de los diversos ritos orientales, no obligan a los otros ritos sino por expresa extensión hecha por la Sede Apostólica. (Canon 1 del N. Código).

Así como se decretan Leyes generales para toda la Iglesia, así también se decretan leyes particulares que obligan a las personas que tienen domicilio o quasi-domicilio en el territorio para el cual se expiden. Se llaman particulares porque no se dan para las personas de toda la Iglesia, sino para las de un territorio determinado, ya sea para todas o ya también para alguna porción del mismo. Respecto del Sujeto de estas leyes, el N. Código decreta: ([6]) **"Legibus conditis pro peculiari territorio ii subjiciuntur pro quibus latae sunt, quique ibidem domicilium vel quasi-domicilium habent et simul actu commorantur, firmo c. 14".** Están sujetos a las leyes dadas para un territorio particular aquellos para quienes se han decretado, y que tienen allí su domicilio o quasi-domicilio y moran actualmente, quedando en pie el Can 14. ([6]) Pero conviene advertir con Maroto, ([7]) que para que puedan obligar estas leyes particulares, es condición indispensable que el que se sujeta a ellas, sea súbdito del legislador particular y viva actualmente dentro de su territorio, a no ser que la ley sea penal.

El P. Wernz dice, que a las Constituciones particulares de la Iglesia están sujetos los que son del territorio, esto es, los que sean súbditos en verdad y habiten en el territorio. Porque los súbditos que tanto física como moralmente están lejos de su territorio, ordinariamente no están ligados a las leyes particulares de su territorio. De ahí el axioma de derecho: **"Extra territorium, jus dicenti impune non paretur."** Sin embargo, las personas eclesiásticas exentas, como los Regulares que no son del territorio, fuera de los casos expresados por el derecho, aunque no siempre se ligan **directe et stricto jure,** no obstante, **indirecte,** por el bien común y para evitar el escándalo, están obligados a observar las leyes de los Obispos y de los Sínodos particulares. ([8])

Si la potestad legislativa de la Iglesia es ejercida por algún Colegio o Corporación, cada uno de los componentes, siendo verdaderamente súbditos del Colegio íntegro, está obligado a las leyes por ellos decreta-

---

[6] Canon 13, par. 2a.
[7] Inst. Jur. Can. por Maroto, Le leg. n. 199, pag. 299. vol. i.
[8] Wernz, lug. citado.

das, con tal que el R. Pontífice sea escuchado favorablemente por el Concilio Ecuménico; pues como el Papa conserva su supremacía sobre los Decretos del Concilio, no está sujeto a las leyes conciliares; pues el mismo Romano Pontífice y otros legisladores particulares eclesiásticos como los Obispos, si promulgan leyes, ciertamente no están obligados de un modo coactivo y directo a observarlas como lo están sus súbditos; y ni aun con fuerza directiva están obligados a observar las leyes dadas por ellos o por sus predecesores, cuando no están acomodadas a su dignidad o persona; mas a las demás leyes suyas o de sus predecesores, están obligados con cierta fuerza directiva, al menos con obligación leve. Cuya obligación no debe derivarse de la misma voluntad del legislador humano, sino de la ordenación divina. Y la razón es, porque Dios no quiere que el legislador humano decrete sus leyes de otro modo, sino con obligación universal tanto de la cabeza como de los miembros. Cuando no hay motivo alguno de necesidad o utilidad, no deben mudarse las leyes, sino observarse por todos; puesto que si el mismo legislador no guarda la ley v.g., de la abstinencia, o del ayuno, o de la confesión anual, otros llevados fácilmente de su ejemplo, se harán prevaricadores de la ley. ([9])

De los principios de la estabilidad de las leyes eclesiásticas universales y particulares, se deduce claramente lo que es de derecho en la sujeción de los pergrinos y vagos. Porque estos en donde estén, quedan siempre sujetos a las leyes universales de la Iglesia allí vigentes. Veamos lo que en este particular dispone el Derecho Canónico:

"Canon 14.—**Par. 1 .—Peregrini:**

1°. Non adstringuntur legibus particularibus sui territorii quandiu ab eo absunt, nisi aut earum transgressio in proprio noceat, aut leges sint personales;

2°. Neque legibus territoriii in quo versentur, iis exceptis quae ordini publico consulunt, vel actuum sollemnia determinant;

3°. At legibus generalibus tenentur, etiamsi hae suo in territorio non vigeant, minime vero si in loco in quo versantur non obligent.

Par. 2°.—**Vagi obligantur legibus tam generalibus quam particularibus quae vigent in loco in quo versantur."**

Los peregrinos, no están obligados a las leyes particulares de su territorio cuando están ausentes de él, a no ser que la transgresión dañe su propio territorio, o las leyes sean personales; Ni a las leyes del territorio en que viven, excepto en lo que mira al orden público o se refiere a actos solemnes; Mas están obligados a las leyes generales, aunque no estén vigentes en su territorio, pero de ningún modo si no obligan

---

9 Conc. Trid. Sess. XXV. cap. 21 De Reform. y Sess. XXIV, cap. 1°.—Wernz, lugar citado.

en el lugar en que están.—Los vagos están obligados a las leyes tanto generales como particulares que rigen en el lugar en que están.

Conforme a la anterior doctrina, el peregrino no está obligado a las leyes particulares de su territorio eclesiástico de donde se alejó temporalmente, con tal que física y moralmente esté ausente y la ley particular ligue al súbdito eclesiástico, no por razón de la persona **inmediate**; pues toda ley eclesiástica **per se** y **ordinarie** es territorial y no afecta a los habitantes, sino mediante el territorio. De allí es que el vago tampoco se liga con léyes particulares y meramente locales de algún territorio que dejó absolutamente; aunque también es cierto que tanto los peregrinos como éstos, están obligados a todas las leyes generales de la Iglesia que estén vigentes en donde se encuentren.

Los peregrinos y vagos pueden gozar legítimamente de las leyes favorables y dispensas locales del territorio en que se hallen; pero no pueden usar de la ley de exención, de legítima costumbre o de dispensa con que estaban libres en su patria solamente por razón de territorio, de la observancia del derecho común y universal fuera de aquél su territorio, a no ser que sean dispensados de ellos **personaliter.**

Finalmente, los peregrinos y vagos no están sujetos a las leyes particulares del territorio eclesiástico por donde pasen, a no ser que sean leyes dadas especialmente para los peregrinos y vagos o haya desprecio de la Justicia o peligro de escándalo o que la transgresión de la ley, cometida por el peregrino o el vago, infiera daño alguno a la comunidad y al súbdito propio. También están obligados a las leyes decretadas respecto a las cosas inmuebles situadas en algún territorio y a las formas y solemnidades prescritas para los contratos, juicios y otros actos legítimos por derecho del territorio en que están. ([10])

Antes de terminar este tratado, es conveniente advertir que según sentencia cierta y común de los canonistas, los clérigos y otras personas eclesiásticas exentas, están también obligados a la observancia de las leyes civiles que se decreten para utilidad pública de la Nación, en materia común a clérigos y legos y que no se opongan a los sagrados Cánones y al estado clerical o a su dignidad y oficios. ([11])

Mas en la investigación del origen y verdadera causa eficiente de esta obligación, entre todas las razones que circulaban en épocas no

---

10 Wernz, lug. citado, n. 107.

11 Palmieri, De Rom. Pont. pag. 567, dice: Nostra autem aetate in omnibus fere regionibus, principalis illa ratio de foro privilegiato sive exempto cleri in hujusmodi rebus temporalibus et mere civilibus, non jam urgeri potest; ergo cum potestas civilis suam *propriam* potestatem *judicialem* et coactivam in clericos exercere possit, etiam *vi directiva legum suarum* in hac materia eosdem clericos ligare valet.

remotas, debe preferirse a todas, la opinión de Molina y de los que le siguen, quienes sostienen que aquella obligación, nace de la misma eficacia de las leyes civiles y no de sola la ley natural o de sola la aprobación de la Iglesia. ([12])

---

[12] Otra opinión citada aquí por Wernz, es la de Reiffenstuel huj. tit. n. 310: Etiam nostra aetate procul dubio est mens Ecclesiae, ut clerici hujusmodi leges civiles observent, cum v. g. saeculis elapsis, quibus forum privilegiatum cleri in praxi fuisset receptum, optimi Praesules v. g. S. Carolus etiam ex auctoritate Sacrae Congregationis Episcoporum et Regularium ad vitandas difficultates et salvanda principia easdem ordinationes publicarent pro clero atque magistratus civilis pro laicis.

NOTA DEL DISERTANTE: Está fuera de toda discusión con América, México, Cuba y otros países, que el clero católico sabe que está obligado a todas aquellas leyes que son generales para toda la Nación y justo es decir que las observa con todo escrúpulo. Nadie se ocupa de este asunto.

ARTICULO VI

DE LOS EFECTOS DE LAS LEYES ECLESIASTICAS

Efecto en general, es el fin para que se hace una cosa; y en sentido jurídico, es lo mismo que la fuerza o la efectividad que tienen las leyes y disposiciones que emanan de la autoridad legítima.

El primero y principal efecto que nace de las leyes decretadas por la legítima autoridad eclesiástica, es la obligación que tiene el súbdito de observarlas fiel y estrictamente; porque si hemos visto en el Artículo 5°. que debe âceptarlas, natural es y equitativo que ya aceptadas, deba observarlas en beneficio propio y de la comunidad de que forma parte. Veamos pues, cuál es la fuerza de esta obligación y cuál el modo de satisfacerla recta y debidamente.

Cualquiera ley verdadera induce a obligación, al menos para librarse de la pena que se atrae el delincuente con no observarla. En esto difiere la ley del consejo, en que el súbdito no puede postergar aquella impunemente a su arbitrio y voluntad.

Cualquiera ley humana puede obligar **per se** en conciencia; y la razón es, porque los Superiores han sido constituidos por Dios con la potestad de mandar. De aquí es que San Pablo en su Epístola a los Romanos dice: **"Qui resistit potestati, Dei ordinationi resistit. Qui autem resistunt, ipsi sibi damnationem acquirunt".** El que resiste a la potestad, resiste a la autoridad de Dios. Mas los que resisten ellos mismos labran su condenación. ([1]) Y en conciencia obligará, a no ser que la mente del legislador fuese obligar solamente bajo de pena, lo cual puede deducirse tanto de las palabras y materia de la ley, como de otras circunstancias; pues las leyes meramente penales pueden conocerse no solamente por lo ya dicho, sino también por medio de la opinión de los doctos y por la persuasión y práctica de los súbditos, en especial de los timoratos.

La ley obliga **sub gravi** o **sub levi** según la gravedad de la materia o de las circunstancias, o del fin intentado especialmente por el superior. La ley afirmativa obliga **semper** pero no **pro semper**; la ley negativa sí obliga **semper** y **pro semper,** esto es, en cada instante. Según Ferreres, la ley divina positiva, y la ley humana no obligan **generatim** con incómodo **valde gravi,** o con daño grave que esté ligado **per accidens** a la observancia de la ley. Consta por el derecho natural y canónico, por la práctica de la Iglesia y por el consentimiento de todos. ([2]) Véase Can. 2205, par. 2.—

Cómo puede juzgarse si la materia de la ley es grave o leve, se ha de colegir:—1°. de las palabras mismas de la ley;—2°. de su objeto, fin y circunstancias;—3°. de la gravedad de la pena en que se incurre

---

[1] Epist. ad Rom. C. XIII, v. 2.
[2] Ferreres, Teol. Moral, Trat. De Leg. cap. V, n. 100.

y que la misma ley sanciona conforme a la práctica de los legisladores; y 4°. por la interpretación de la costumbre. En general puede decirse, que es materia grave, cuando el fin de la ley sea absolutamente de gran importancia y la ley conduzca en gran parte a este fin, o si la materia se extiende mucho, aunque **de se** sea algo leve; de lo contrario, la materia deberá juzgarse leve; lo aclara el ejemplo que trae el P. Ferreres al tratar de este punto; es grave para el que celebra la Misa, omitir voluntariamente echar en el cáliz algunas gotas de agua; pero no será sino leve, si el día de ayuno come una onza de pan fuera de la comida. ([3])

Para satisfacer alguna obligación, se requiere la intención de hacer lo que está mandado, si la ley es afirmativa: v. g., la ley de oir Misa en el día de precepto; la razón es porque de lo contrario, no se hace el acto de un modo humano; pero de ninguna manera si es negativa, como la ley que prohibe las obras serviles en los días de fiesta; la razón es porque la ley negativa no tiende más que a la omisión de la obra. Sin embargo, no se requiere la intención de cumplir con el precepto o de obrar por motivo de obediencia formal, porque el lgislador ordena solamente la ejecución o la omisión de la obra. Tampoco se requiere que se cumpla la ley por motivo de caridad ni en estado de gracia, como en la recepción de la Sagrada Eucaristía; la razón es porque se ordena la obra, más no el motivo, a no ser que se exprese hasta éste. Consta por la proposición 16a. de Bayo condenada por el Papa Pio V que dice así: **Non est vera legis obedientia quae fit sine charitate.** Tampoco se requiere la intención de cumplir el fin del precepto, a no ser que aquel fin se preceptúe precisamente **per se**; porque ordinariamente el legislador no preceptúa el fin, ni tiende a preceptuarlo, sino solo manda la ejecución del acto. De ahí el axioma: **Finis praecepti non cadit sub praecepto.** ([4])

Los efectos de las leyes eclesiásticas, según el P. Wernz, pueden ser generalmente la prohibición, la prescripción (irritación), la permisión y la pena; más el efecto próximo y esencial de toda ley eclesiástica, es la obligación ya **ad culpam**, o al menos **ad poenam**; porque toda ley, aun la eclesiástica es un cierto vínculo de orden moral que sin alguna obligación verdadera, no puede existir en la conciencia. En verdad que aquella obligación no siempre se origina directamente, sino que muchas veces solo indirecta y consiguientemente, v. g., en la ley favorable irritante. Dado que la obligación solo se impone para sufrir la pena, puede suceder que dicha obligación no nazca sino después de la sentencia del juez eclesiástico. Por el contrario, las leyes eclesiásticas que se fundan en la presunción de común peligro **communis periculum**, obligan verdaderamente a los súbditos fieles, ni puede cesar dicha obligación, aunque pudiese tal vez cesar en algún caso particular la presunción

---

[3] Ferreres, lug. cit. antes.

[4] Sto. Tomás, 1. 2. q. 100, art. 9.

de aquel peligro, v. g., en la prohibición de un libro impuesta por la Sagrada Congregación del Indice.

Igualmente los sagrados cánones que se apoyan en la presunción de hecho o en la ficción de derecho, surten sus efectos no solo para el fuero externo, sino aun para el interno.

Las leyes eclesiásticas pueden **ipso facto** o por sentencia condenatoria o declaratoria del juez, nulificar los actos. Si acaso la irritación del acto haya sido decretada **ipso jure** o por rescisión absoluta o condicional, debe deducirse de las palabras de la ley; pues si la rescisión del acto está prescrita o permitida solo **ipso jure,** el acto debe sostenerse en todo su valor, hasta que sea rescindido por la legítima autoridad, con tal que sea capaz de rescisión. Mas si **ipso jure** se hace nulo el acto, aun en las leyes irritantes penales, principalmente después de la sentencia dclaratoria del juez, por lo menos se consigue aquello de que no pueda sostenerse como válido, ni tenerse como fuente de emolumentos y de derechos; aun más, la estricta obligación de omitir un acto nulo **ipso jure,** no existe **per se,** a no ser que el acto llevado a cabo inválidamente, se convierta en torpe, como sería v. g., en la elección canónica hecha sin la forma sustancial, o en el matrimonio celebrado con algún impedimento dirimente.

En el fuero eclesiástico de ningún modo ha sido aceptado general y absolutamente el axioma: **Qui contra jus fiunt, debent pro infectis haberi.** Mas los actos que se prohiben directamente por la ley canónica, absoluta y simplemente, v. g., la celebración del matrimonio en grados prohibidos entre consanguíneos, son **ipso jure** nulos e inválidos, si se habla **speciatim** y expresamente o siquiera equivalentemente del efecto de la irritación en aquella ley canónica directamente prohibitiva.

En verdad, la ley irritante de la Iglesia puede establecer o preceptuar algo **directe** que se requiera absolutamente para la substancia del acto v. g., la forma substancial de los esponsales o del contrato matrimonial introducida por el Decreto **Ne temere,** por cuya omisión quedaría el acto nulificado **consecutive et indirecte.**

A estos dos modos de irritar un acto puede añadirse un tercero, en virtud del cual, la persona queda inhabilitada **directe** para ejercer el acto válidamente. La ley irritante aun en el fuero eclesiástico, no es esencialmente penal, pero puede tener alguna vez razón de verdadera pena. Concedido que la irritación del acto se decreta como la sola pena del delito, cesando la culpa por ignorancia, la ley irritante no surtirá su efecto. Pero si la ignorancia solo consiste o versa sobre aquella pena de irritación sin excluir la culpa, en tal caso no deberá asegurarse la validéz del acto, general y ordinariamente al menos en el fuero externo. La epikeya tampoco puede usarse por lo menos ordinariamente, en las leyes irritantes de la Iglesia.

Aunque en el Derecho canónico existen **leges permittentes rem licitam vel indifferentem,** sin embargo, esas leyes permitentes, desechadas las palabras **rem turpem** o deshonesta, no se encuentran en la colección de los cánones ni en la práctica de la Iglesia universal, ni parecen ser conformes al fin del derecho canónico. Entre las leyes permitentes pueden enumerarse de un modo especial los privilegios concedidos contra las sanciones del derecho común, por los cuales lo que pudiera ser ilícito se convierte en lícito. ([5])

La Iglesia aunque tiene el derecho de decretar leyes meramente penales en virtud de su potestad legislativa, no obstante, de hecho al menos ordinariamente, no suele usar de este derecho, a no ser que se exceptúen las reglas de las Ordenes religiosas. Cuyas reglas cuando son decretadas al menos comunmente por los Superiores regulares, en virtud de la jurisdicción eclesiástica y verdaderamente legislativa concedida por los Romanos Pontífices, e imponen la necesidad de obrar de un modo determinado, son verdaderas leyes eclesiásticas y no solo son consejos o amonestaciones, pactos o estatutos convencionales dados meramente por cierta potestad dominativa; porque aunque aquellas reglas suponen la profesión religiosa, sin embargo, nace después la obligación de la jurisdicción. No obstante, esas mismas reglas, con el objeto de que no se multipliquen las culpas morales, obligan próximamente no **ad culpam**, sino **ad solam poenam**. Son raros los ejemplos; así v. g., en el Conc. Toledano del año 1355, c. 1°. se lee: **"Ne onerentur culpae pondere ex transgressione constitutionum provincialium fideles . . . sacro approbante Concilio ordinamus, quod constitutiones provinciales praedecessorum nostrorum, et quae in futurum condentur, nisi aliter in condendis expresse fuerit ordinatum, non ad culpam, sed ad poenam tantum earumdem obligent transgressores".** Para que los fieles . . . no sean oprimidos con el peso de la culpa por la transgresión de las constituciones provinciales, con la aprobación del santo Concilio, ordenamos, que las constituciones provinciales de nuestros predecesores y las que en adelante se decreten, a no ser que al decretarlas se ordene otra cosa expresamente, que no obliguen a sus transgresores **ad culpam,** sino **ad poenam** solamente. ([6]) Mas por la disciplina vigente, de ningún modo puede establecerse con el Card. Petra, el principio general, a saber, de que los decretos de los Concilios provinciales obligan a todos los súbditos de la provincia solo **ad poenam** y no **ad culpam,** a no ser que el mismo concilio haya declarado lo contrario. Porque tal principio no está aprobado por alguna ley general escrita o por la costumbre, y además, por las palabras de los Concilios provinciales celebrados del siglo pasado a la fecha, que manifiestan lo contrario.

Al hablar el N. Código de Leyes canónicas de los efectos de la ley, se expresa en esta forma: **"Irritantes aut inhabilitantes eae tantum leges habendae sunt, quibus aut actum esse nullum aut inhabilem esse**

---

[5] Wernz, lug. cit. nos. del 110 al 112.
[6] Wernz, lug. cit. par. 102.

personam expresse vel aequivalenter statuitur." Solamente deben tenerse como irritantes o inhabilitantes aquellas leyes por las que se establece expresa o equivalentemente que un acto es nulo o que la persona es inhábil. ([7]) Bien clara y terminantemente se explica el Código para que no haya lugar a duda en esta materia.

Entre los efectos de las leyes eclesiásticas, se enumera sin duda alguna, la sujección de las penas con que la Iglesia amenaza y que impone algunas veces a los que las infringen a sabiends y con conocimiento de causa. Por cuyo motivo será conveniente, para mayor ilustración de este tratado, hablar de la potestad coercitiva de la Iglesia, ya que está íntimamente relacionada con la legislativa, por la misma naturaleza de la ley, la cual una vez impuesta, debe cumplirse o castigarse al delincuente: Si la Iglesia ejecuta Leyes, debe imponer penas.

Que la Iglesia puede ejecutar sus leyes, es bien claro, puesto que como se ha probado hasta la saciedad, es una sociedad perfecta y como tal, le compete la potestad legislativa y judicial. Es así que ambos poderes exigen el derecho de obligar a los súbditos, sin el cual perderían toda su eficacia. Porque, de qué aprovecharía el poder de legislar si no pudiera castigar a los desobedientes de sus leyes? ¿De qué le serviría el instaurar juicios si no pudiese ejecutar la sentencia? Otra prueba es la voluntad de Cristo: los mismos Apóstoles dicen que el poder de obligar a los fieles les fué comunicado divinamente: v.g., San Pablo dijo: **"In promptu se habere ulcisci omnem inobedientiam ex potestate quam dedit nobis Dominus".** Estamos en disposición de castigar cualquier desobediencia por la potestad que nos dió el Señor. ([8])

Toda ley debe tener sanción; y siendo las leyes de la Iglesia verdaderas leyes, deben gozar también de sanción penal; pues aunque la sanción no pertenece a la misma esencia de la ley, sin embargo, es necesaria para su eficacia. Se define pues: **Convenientis (praemii ac praesertim) poenae criminosis retribuendae promissio a legislatore facta.** La teoría de las penas pone en claro el fin, objeto, especie y modo de aplicarlas. El fin de las penas es reprimir los crímenes o lo que es lo mismo, las acciones imputables con que se perturba el orden de la sociedad; por su triple fin, las penas son, **medicinales** para los delincuentes; para los asociados ejemplares; y en atención al orden social dañado por el delito, **reparadoras.**

La Iglesia usa de penas **vindicativas** y **medicinales;** se llaman así porque aquellas se usan principalmente para la vindicta del crimen; éstas, para la enmienda del delincuente. Las penas vindicativas son o **temporales** o **espirituales.** Las penas medicinales o censuras, son la excomunión, la suspensión y el entredicho. Las penas se aplican por la Iglesia de dos maneras:—1°. **Latae sententiae:** esto es, cuando se incurre en la pena **ipso facto** por la sola comisión del crimen; y **ferendae**

---

7 Canon 11 del N. Código de leyes canónicas.
8 S. Pablo II a los Corint. X. v. 6.

sententiae, cuando para incurrir en la pena se requiere la sentencia del Juez, o el decreto del Superior. **De las Penas.**—La pena es el castigo de la privación aplicado por la autoridad para vindicar el desorden del delito. La materia, cualidad y proporción de las penas debe ser tal, que obtenga la conservación del orden social, puesto que las penas se usan como medios para obtener el fin; pues además de la sanción eterna, la Iglesia tiene penas proporcionadas a ella en la Tierra. Su objeto son los bienes de la comunión cristiana, a saber, los derechos ya generales o especiales que los fieles ejercen como miembros de la Iglesia como sociedad externa. Esta, con sus penas algunas veces suspende dichos derechos, ya todos o alguna parte de ellos. Alguna vez no solo los suspende, sino también los quita totalmente o al menos en parte.

En resumen puede concretarse toda la doctrina ya emitida en este Artículo, diciendo que la Iglesia, (y ésta está aceptada por todos los canonistas), tiene amplia facultad para imponer penas a los transgresores de sus leyes, y de hecho las impone siempre que se vé en la necesidad de castigar a los que en vez de caminar por el sendero de la virtud, se alejan de él, con gran peligro de su eterna condenación, teniendo por mira principal la corrección del delincuente y la vindicta de la sociedad.

Para terminar este tratado, pondré a continuacion el Canon del N. Código de Leyes canónicas con que comienza la Parte Segunda **"De Poenis"** que sintetiza a este respecto toda la Doctrina canónica de que se ocupa.

Inciso 1°.—**Nativum et proprium Ecclesiae jus est, independens a qualibet humana auctoritate, coercendi delinquentes sibi subditos poenis tum spiritualibus tum etiam temporalibus.**

Inciso 2°.—**Prae oculis autem habeatur monitum Conc. Trid., sess. XIII, de ref., cap. 1: "Meminerint Episcopi aliique Ordinarii se pastores non percussores esse, atque ita praeesse sibi subditis oportere, ut non in eis dominentur, sed illos tanquam filios et fratres diligant elaborentque ut hortando et monendo ab illicitis deterreant, ne, ubi deliquerint, debitis eos poenis coercere cogantur; quos tamen si quid per humanam fragilitatem peccare contigerit, illa Apostoli est ab eis servanda praeceptio ut illos arguant, obsecrent, increpent in omni bonitate et patientia, cum saepe plus erga corrigendos agat benevolentia quam austeritas, plus exhortatio quam comminatio, plus caritas quam potestas; sin autem ob delicti gravitatem virga opus erit, tunc cum mansuetudine rigor, cum misericordia judicium, cum lenitate severitas adhibenda est, ut sine asperitate disciplina, populis salutaris ac necessaria, conservetur et qui correcti fuerint, emendentur aut, si resipiscere noluerint, ceteri, salubri in eos animadvrsionis exemplo, a vitiis deterreantur.** "Es un derecho propio y nativo de la Iglesia, independiente de toda autoridad humana, el de obligar a los delincuentes que a ella estén sujetos, tanto con penas espirituales como temporales.—Téngase presente la admonición del Conc. Trident.: Recuerden los Obispos y demás Ordinarios, que son pastores y no perseguidores y que de tal manera deben gobernar a sus súbditos, que no los subyuguen, sino que los amen como hijos y hermanos y se esfuercen exhortándolos y amonestándolos para que se alejen de las cosas ilícitas y que cuando lleguen a dilinquir, no se empeñen en castigarlos con las penas señaladas; pero si sucediese no obstante, que alguno pecase por fragilidad humana, debe guardarse aquel precepto del Apóstol, de que los reprendan, increpen y aconsejen con toda paciencia y bondad, y que las más veces, para corregirlos, usen más de benevolencia que de austeridad, de más exhortación que de amenazas, de más caridad que de potestad; pero si por la gravedad del delito fuese necesaria la dureza, entonces úsese del rigor con mansedumbre, del juicio con misericordia, de la severidad con suavidad, para que se conserve sin aspereza la disciplina tan saludable y necesaria en los pueblos y los que hayan sido corregidos se enmienden, o si no quisieren arrepentirse, los demás, con el ejemplo saludable para ellos del castigo, se alejen de los vicios. ([10])

---

[9] Huguenin, de sanctione leg. Eccles. nos. 124 y 125.

ARTICULO VII

DE LA CONFIRMACION DE LAS LEYES ECLESIASTICAS

La Confirmación universalmente considerada, la define el P. Wernz en esta forma: **Est juris prius habiti sive quaesiti per legitimum Superiorem facta corroboratio.** De cuya definición se desprende terminantemente que la confirmación supone algún derecho adquirido ya sea de verdad o al menos de hecho, puesto que es un acto de la autoridad pública superior y no una ratificación de hombres privados solamente, que supone dicho acto válido **per se** porque aumenta y corrobora solamente **per se** la fuerza del mismo acto sin producirle valor, a no ser que el Superior haya intentado aquel efecto.

La confirmación se divide: 1°. En esencial y en accidental. La confirmación esencial puede hacerse de dos modos: pues o se aplica toda la esencia de la ley eclesiástica a algún estatuto v. g., si los estatutos de las monjas que carecen de jurisdicción eclesiástica y no pueden decretar verdaderas leyes eclesiásticas, son confirmadas por el superior eclesiástico competente con el fin de que obtengan fuerza de leyes eclesiásticas, o al menos otorgue al estatuto ya decretado por alguna autoridad pública de la Iglesia, una como cierta forma sustancial o complemento esencial, pero tan imperfecta, que no puede por sí misma dar a sus decretos como causa eficiente y completa, pleno y verdadero vigor. A esto se refiere v. g., la confirmación de los cánones o de los decretos del Concilio Ecuménico otorgada por el R. Pontífice en virtud de su suprema potestad.

La confirmación accidental, se llama aquella que añadiendo a la ley en sí y por la propia autoridad del legislador una fuerza que ya tiene, la aumenta y corrobora solamente. Así v. g., los decretos del Concilio provincial expedidos por otra parte legítimamente, tienen por sí fuerza de obligar, ni obtienen vigor por el reconocimiento, aprobación o confirmación hecha en Roma, sino solo se corroboran más, sin transformarse en leyes pontificias, a no ser que la confirmación se haya dado por el R. Pontífice en forma **específica.** Por cuyo motivo, el reconocimiento de las leyes de los Concilios provinciales v. g., en la Sagrada Congregación del Concilio, se considera en primer lugar como a modo de condición **sine qua non** para que los decretos puedan ser promulgados válidamente. Véase Can. 291.

2°. Se distingue también, la confirmación en forma **específica** y la confirmación en forma **común;** aquella consiste en que los estatutos se confirman después de un exámen diligente y cuidadoso, absolutamente y sin añadir condición alguna con la cláusula **motu prprio atque scientia certa,** o se confirman **(auctoritate apostolica)** con una fórmula equivalente. En la confirmación que llaman en **forma común,** no se sujetan todos los estatutos a un exámen tan riguroso, ni son aprobados de ciencia **cierta** o con alguna cláusula similar, sino condicionaımente según la antigua fórmula: **Si juste, canonice aut provide facta sint, et dummodo sacris canonibus, Tridentini Concilii decretis et Constitutionibus Apostolicis non adversantur.** Cuya confirmación en forma común o condicional, puede darse y de hecho ha sido dada por la Sede Apostólica aun con antelación a los futuros decretos que habrían de expedirse por los legisladores inferiores.

3o. Finalmente, puede distinguirse la confirmación antecedente y consiguiente, absoluta y condicional, general y especial, tácita y expresa, válida e inválida y útil o inútil que no produce el efecto intentado, necesaria y voluntaria, judicial y extrajudicial. Las varias especies de confirmación, producen también diversos efectos:

I.—La confirmación en forma común, no cambia la naturaleza del estatuto confirmado, sino lo deja en su propia especie v. g. de estatutos del Cabildo o del Sínodo diocesano, de Decretos del Conc. provincial, de decisiones de las sagradas Congregaciones, etc., etc. Ni da valor a los estatutos en el caso de que fuesen inválidos, sino que extrínsecamente les procura mayor autoridad, en cuanto que disipa las dudas y contrariedades y hace más fácil su ejecución; v. g., produce alguna **presunción** del acto llevado a cabo rectamente, o mayor **seguridad de las partes** entre las que se ha efectuado el acto, o mayor **confianza** del Prelado que ejerce su derecho. Y aun la confirmación en **forma común** dada válida y legítimamente, aun cuando recaiga sobre un decreto **inválido** v. g., del Conc. provincial, no se ha de llamar ciertamente **inútil.** Porque los Prelados eclesiásticos obtenida la confirmación del Conc. provincial, al menos de hecho, ejercen su derecho extraordinario con mayor confianza y sin temor de reprensión. Por el contrario, la confirmación en la **forma específica,** transforma el decreto del legislador inferior v. g., del Conc. provincial o de la Sagrada Congregación en ley del superior v. g., del Romano Pontífice. Además, si la ley del legislador inferior por sí misma no es válida, por medio de la confirmación en la **forma específica** obtiene fuerza y valor, a no ser que se exceptúe necesariamente en algunos casos.

II.—La ley del legislador inferior confirmada por el R. Pontífice en la **forma específica,** no puede mudarse o ser abrogada por aquel legislador inferior, a no ser que el mismo R. Pontífice le conceda expresa o tácticamente esta facultad especial. Pero si la confirmación ha sido otorgada por el R. Pontífice solamente en la forma común, no le está prohibido al legislador inferior, mudar los estatutos confirmados y aun abrogados, si así lo quiere; más el juicio acerca de la misma confirmación dada por el R. Pontífice **in forma communi secundum se,** a saber, si acaso v. g., sea verdadera o falsa, legítima o ilegítima, no le corresponde al Prelado inferior, sino al R. Pontífice. Así lo expresa el Concilio Plenario de Batlimore III, (a. 1884) n. 317, seq:.

III.—La ley particular confirmada por el Romano Pontífice aun en la forma específica, no se extiende a toda la Iglesia, sino afecta solamente al territorio o personas para quienes ha sido dada, a no ser que se extienda expresamente a toda la Iglesia por el mismo R. Pontífice o tácitamente por una costumbre general.

IV.—Si la confirmación de los privilegios se hace en la forma común, añade cierta robustez y fuerza al derecho ya existente, más no restablece el derecho o privilegio quitado; pero si se da en la forma específica, tiene tanta eficacia, que equivale a la primitiva concesión y restituye también los privilegios perdidos. De esta confirmación jurídica debe distinguirse la mera innovación física de los documentos en los cuales estaban escritos los privilegios; porque con tal innovación hecha aun en la forma legítima, no se adquiere ni se restituye el derecho. ([1])

Los principios que acerca de la Confirmación de las leyes eclesiásticas acabamos de exponer brevemente, será sumamente útil tenerlos a la vista y recordarlos, cuando haya de tratarse punto alguno que se refiera al Magisterio infalible del R. Pontífice cuando confirma los Decretos de los Concilios ecuménicos o provinciales, o los de las Sagradas Congregaciones en la cuestión del valor de los decretos disciplinares de los Concilios provinciales que son reconocidosy aprobados por solo el rescripto de la Sagrada Congregación, o por medio de Letras Apostólicas en la forma común y específica.

[1] Wernz, Jus. Decret. De Confirm. leg. nos. 113 a 115.

ARTICULO VIII

DE LA CESACION Y ABROGACION DE LAS LEYES ECLESIASTICAS

Puesto que la **Cesación y Abrogación** de las leyes eclesiásticas depende en gran parte de su duración y estabilidad, trataré primeramente de estos dos importantes considerandos de la misma ley, para luego entrar de lleno en la materia de su Cesación y Abrogación.

Las leyes se confirman más y mejor, cuando el mismo legislador no compromete su duración por medio de imitaciones inconsideradas y promueve su ejecución con la debida sanción. Por lo cual juzgo muy conforme y en razón, tratar de la duración de las leyes, la cual puede conocerse investigando cuál sea su estabilidad y cómo acontece su duración.

Las leyes deben darse con el sello de la estabilidad. Compete a la ley la estabilidad, tanto en consideración al legislador, el cual aunque muerto la ley no muere, como en consideración a los súbditos, puesto que éstos son miembros de una sociedad permanente para la cual es decretada la ley, como también en consideración a la misma ley, que una vez dada, dura y permanece siempre hasta que sea revocada o deje de ser justa y conveniente a la sociedad. Aunque las leyes deben ser estables, sin embargo, no pertenece a su esencia la perpetuidad en el sentido de que un estatuto que está dotado de las demás propiedades de la ley, no debe ser excluido de la noción de la ley y debe ser enumerado entre los preceptos. Las leyes humanas pueden mudarse. Esa es precisamente la diferencia que existe entre el derecho divino y el derecho humano; por dos razones:

1a.—Con el transcurso del tiempo, lo que era útil, alguna vez se hace inútil o dañoso. 2a.—Las sociedades están sujetas a varias necesidades que para remediarlas ocurren a tiempo las leyes.

La Iglesia Católica no cambia sus leyes, **nisi quando urgens necessitas vel evidens utilitas id exposcit;** ya porque con la frecuente mutación caerían las leyes en menor estimación, ya porque conviene a la disciplina, que versa especialmente acerca del modo de observar el derecho divino, imitar su estabilidad. De aquí proviene que la Santa Sede ordinariamente no establece una ley universal, a no ser que sea aprobada su conveniencia por el uso local o por concesión particular; aun mas, parece como que se esfuerza por conservar algún vestigio de la antigua disciplina, como de esto se ven muchísimos ejemplos en la sacra liturgia.

Acerca de la mutación de las leyes, debemos considerarla bajo doble punto de vista: uno general o sea de los modos con que se verifica, y la otra especial, o sea de la dispensa de las mismas leyes o mutación en sentido impropio. Trataré aquí de la general únicamente, pues siguiendo el orden de la división hecha en el Preámbulo de esta Segunda

Parte de la Disertación, en el próximo Artículo me referiré a la excusa y dispensa de las leyes de la Iglesia.

De cuántos modos se verifica la mutación de las leyes?—En lenguaje jurídico debo contestar que la ley puede cesar o **ab intrinseco** por sí misma, o **ab extrinseco** por voluntad del legislador. Dícese que la ley cesa por sí misma, cuando su causa final cesa comparativamente respecto de toda la sociedad; y la razón es, porque la ley se hace inútil ya por defecto de materia, o ya porque cesando absolutamente el motivo por el cual la dió el legislador, se juzga que no persevera la ley, o que no persevera en rigor de derecho la voluntad de obligar. Las leyes se disuelven por voluntad expresa del legislador, ya para con la sociedad en general o ya para con cada uno de sus miembros en particular. La mutación de las leyes para con la sociedad en general, se distingue por razón del efecto que produce, o por razón del modo con que se hace. Por razón del efecto, la abrogación se distingue de la derogación; pues por medio de la abrogación se quita toda la ley, y por medio de la derogación solo se quita una parte de ella. Por razón del modo, la abrogación y la derogación pueden efectuarse o por falta de costumbre, o por la ordenación del mismo legislador. Esta ordenación puede ser la causa de la revocación de la ley o de una nueva ley contraria.

Es conveniente alguna mayor ampliación acerca de lo dicho antes respecto de la Cesación de la ley.

Como ya vimos antes, la ley eclesiástica cesa **ab intrinseco,** si su fin, intrínseco también, cesa igualmente para la comunidad. De aquí resulta que si el fin de la ley eclesiástica cesa solo parcialmente, la misma ley no se hace inútil y por lo tanto persevera. Ni debe quitarse toda la ley si acaso no tuviesen mayor fin o fuesen de poco provecho algunos artículos o párrafos especiales, sino que entonces se deroga solamente en aquellos especiales, permaneciendo en todo su vigor el resto de la ley. Por último, no se quita totalmente la ley eclesiástica, sino cuando cesa el fin de la ley para toda la comunidad. De aquí es que si el fin de la ley cesa solamente en un súbdito particular permaneciendo el fin para los demás, **per se** ni este súbdito particular se exime de la observancia de la ley, a no ser que se trate de un caso en el cual se excuse de la observancia de la ley. En cuyo caso, por la excusa no cesa propiamente la ley, sino más bien, tal caso no está comprendido en la ley eclesiástica.

Porque así como toda ley humana puede ser quitada válida y justamente **ab extrinseco** o sea por el legislador, así igualmente las leyes eclesiásticas en su oportuno y debido tiempo están sujetas a ablación por el competente legislador eclesiástico con tal que haya justa causa y verdadera utilidad para la comunidad. Cuya ablación si es total, la revocación de la ley hecha directamente por el superior competente, se llama abrogación; y derogación, si la revocación de la ley es solamente parcial; añadamos que la subrogación se llama la adición a una ley existente; y finalmente, que la obrogación tiene lugar si la ley se quita por otra ley contraria.

Los legisladores eclesiásticos pueden abrogar sus leyes propias, las de sus predecesores y las de sus inferiores; pero el legislador inferior no puede abrogar la ley del Superior. La ley posterior eclesiástica puede abrogar y de hecho abroga la anterior, si tiene alguna cláusula expresa con que abrogue la ley anterior o sea la ley directamente opuesta a ella, de tal manera que no quitada la ley anterior, la nueva ley se hace ciertamente inútil e ineficáz. Por cuya razón, la ley general posterior abroga absolutamente la general anterior que le es directamente opuesta, aun cuando no se haga mención expresa de la primera ley en la posterior. Del mismo modo, una ley especial anterior se quita por la ley especial posterior y directamente contraria a la anterior. Mas una primitiva ley especial v. g., la que se ha dado en un Concordato, a no ser que se haga mención de ella expresamente, no se quita por la subsiguiente ley general, porque el género es derogado por la especie, y con mayor razón la ley especial posterior deroga la primitiva ley general.

La abrogación de una ley eclesiástica que se efectúa por otra nueva ley contraria, requiere ciertamente promulgación sin la cual no puede imponerse una nueva obligación. Puesto que si la abrogación consiste en la simple revocación de la ley primitiva, se hace necesaria la proposición y divulgación de la revocación, para evitar los escándalos e inconvenientes públicos que puedan originarse de allí, la cual divulgación en este caso se equipara absolutamente a la promulgación. ([1])

Por regla general, toda ley puede cesar por la abrogación o por la derogación, en cuanto que se quita en todo o en parte; pues así como el Superior puede dar la ley, así también puede quitarla o coartarla; 1°. por la cesación de la causa motiva adecuada, o sea del fin total por el cual fué dada respecto de toda la comunidad; porque cesando la causa de la ley, el legislador ya no puede urgir racionalmente su observancia; y 2°. por el no uso o por una costumbre contraria revestida de las debidas condiciones, pues al menos deberá contarse entonces con el consentimiento del Superior. ([2]).

Abrogación. Abrogar la ley, en la ciencia jurídica, significa destruir una ley, anularla, variarla o hacerla desaparecer del todo; no puede decirse que una costumbre se abroga, sino que se suprime. Por el derecho canónico se abroga una ley eclesiástica o un cánon solamente por seis causas: 1a. Por una costumbre en contrario: **"Sicut enim moribus utentium in contrarium nonnullae leges abrogatae sunt, ita**

---

1 Doctrina de Wernz, lug. cit. De Cessat. leg., nos. 117 y 118.—Suarez, De Lege, Libr. VI, cap. 6, n. 1.

2 Ferreres, Teol. Moral, De Cessatione leguum. Cap. VIII.

moribus utentium ipsae leges confirmantur". ([3]) 2a. Por una constitución nueva y opuesta: **"Posteriores leges derogant prioribus".** ([4]) 3a. Por la cesación de la causa: **"Cessante causa, cessat lex".** ([5]) 4a. Por el cambio de lugares: **"Locorum varietate".** ([6]) 5a. Por la demasiada rigidez del cánon: **"Nimio rigore canonis".** ([7]) y 6a. Por el mal que de él resulte: **"Propter malum inde sequens".** ([8])

Pueden reducirse estas seis causas a las tres siguientes:—1a. al uso contrario establecido por la ley o por la costumbre;—2a. a la diferencia de tiempos, causas y lugares; y 3a. a los inconvenientes que de él resulten.

Por medio de la **Abrogación** pueden también fenecer las censuras, lo cual se verifica:—1°. Por una ley contraria emanada de una autoridad igual o mayor, como ha sucedido con las Decretales de los Papas y los cánones de los Concilios generales relativos a los matrimonios clandestinos abrogados por el Conc. de Trento.—2°. Por la costumbre contraria, como los cánones penitenciales que han fenecido por la costumbre de muchos siglos no sometiéndose a ellos los comprendidos. 3°. Por la tácita revocación de la ley que imponía la censura, como varias excomuniones decretadas por S. S. Pio IX en su Constitución **Apostolicae Sedis** del 12 de Octubre de 1869, que han sido abrogadas por las leyes del Nuevo Código.—4°. Por la cesación de la causa que obligó a imponer la censura, como los cánones promulgados por la Iglesia en tiempo del Cisma, fenecieron con el mismo cisma.—5°. Por el no uso procedente de la falta de aceptación de la ley que la ordena. Ahora bien, debe observarse que todas estas diferentes formas de abrogación, jamás pueden convenir a las censuras **ab homine.**

Conviene hacer una breve explicación de lo asentado anteriormente. Porque las censuras se dividen según el derecho canónico, en las que están pronunciadas por el mismo derecho universal y particular y se llaman **a jure;** y las que se dan a modo de precepto particular o por sentencia judicial condenatoria y se llaman **ab homine.** Véase Can. 2217. Estas censuras miran siempre al futuro; tienden por su fin, a impedir a los fieles, por el temor de las penas, que cometan los crímenes a que van ligadas; deben darse en forma de cánon y generalmente contra todos los que hagan lo que está prohibido bajo pena de censuras. Las censuras **ab homine,** son aquellas que pronuncia el Superior con expresión de causa, contra ciertas personas particulares. Se diferencian las censuras **a jure** de las **ab homine,**—1°. en que las primeras se imponen a la comunidad, mientras que las **ab homine** pue-

---

3 Cap. III, In istis, Dist. 4.
4 Cap. 5, Ante triennium, Dist. 31.
5 Cap. IX, Neophitus, Dist. 61.
6 Cap. XIV, fin. Aliter, Dist. 31.
7 Cap. VII, Fraternitatis, Dist. 34.
8 Cap. XXVIII, Quia sancta, Dist. 63.

den ser generales o particulares para determinadas personas; y 2°. que todo confesor puede absolver de las primeras, si no están reservadas expresamente por el cánon o por la ley que las contiene; no sucede lo mismo con las censuras **ab homine**, pues solo el superior que las impuso puede quitarlas, o bien su sucesor, su superior, o aquel a quien él mismo dió facultad o delegación para ello, porque están reservadas a ellos. ([9])

Un ejemplo de abrogación tenemos en el N. Código de Leyes canónicas, cuando en el párrafo 1°o. del Cánon 6, establece expresamente que las leyes particulares que se oponen a las prescripciones del Código, quedan abrogadas a menos que se decrete en favor de ellas alguna disposición especial. ([10])

El mismo Nuevo Código, además del Cánon 6 de que hemos hecho mención en el párrafo anterior, y que insertamos a continuación, trae dos más en que con respecto a la cesación y promulgación de las leyes, consigna la terminante doctrina que no deja lugar a duda, y con la cual se confirma todo lo dicho antes acerca de esta materia:

Can. 6.—Par. 1°.—**Leges quaelibet sive universales sive particulares, praescriptis hujus Codicis oppositae, abrogantur, nisi de particularibus legibus aliud expresse caveatur.**

Can. 22.—**Lex posterior, a competenti auctoritate lata, abrogat priori, si id expresse edicat, aut sit illi directe contraria, aut totam de integro ordinet legis prioris materiam; sed, firmo praescripto can. 6, n. 1, lex generalis nullatenus derogat locorum specialium et personarum singularium statutis, nisi aliud in ipsa expresse caveatur.**

Can. 23.—**In dubio revocatio legis praeexistentis non praesumitur, sed leges posteriores ad priores trahendae sunt et his, quantum fieri possit, conciliandae.**

Cualesquiera leyes ya universales o particulares que se opongan a las prescripciones de este Código, quedan abrogadas, a no ser que se disponga algo expresamente acerca de las leyes particulares.—La ley posterior dada por competente autoridad, abroga la anterior si lo dice expresamente o si es directamente opuesta a aquella u ordena la materia íntegra de la ley anterior; pero quedando en vigor el can. 6, n. 1, la ley general de ningún modo deroga los estatutos de lugares especiales y personas particulares, a no ser que en la misma se declare expresamente otra cosa.—En caso de duda, no se presume la revocación de la ley preexistente, sino que las leyes posteriores deben acomodarse a las primeras y conciliarlas con éstas en cuanto sea posible.—

Nada tengo qué añadir a las anteriores leyes que por sí solas se expresan con claridad suma y profunda sabiduría.

---

9 Huguenin, Exp. Meth. Jur. Can. De abrog. et mut. leg. eccles. p. 3, nos 106, y 111.

10 Ayrinhac, Gen. Legisl. par. X, Abrog. of laws, n. 114, pag. 127.

ARTICULO IX

DE LA EXCUSA Y DISPENSA DE LAS LEYES ECLESIASTICAS

La Excusa jurídicamente hablando, consiste en la acción de exponer alguna causa o razón para evitar el cumplimiento de una ley o eximirse de ella. Las causas excusantes, pueden ser o eximentes o impedientes; las primeras son aquellas que totalmente sustraen del dominio de la ley, como si alguien v. g., se encontrara fuera del lugar a que afecta la ley; las segundas son aquellas que permaneciendo el súbdito bajo de la ley, le impiden su observancia o le excusan de ella. Estos casos impedientes se reducen a la ignorancia o a la impotencia. Las causas eximentes libran totalmente de la obligación de la ley, pues nadie puede imponer un precepto a un hombre que no lo está sujeto.

En verdad, donde hay alguna causa eximente, aquel que estaba sujeto a la ley, cesa de estar sujeto a ella o por razón del territorio del cual está ausente, o por razón de un privilegio. La ignorancia invencible excusa de la observancia de la ley, porque nadie puede ser obligado a jecutar algo que le es completamente desconocido. La impotencia física excusa igualmente de la observancia de la ley conforme al axioma vulgar: **Nemo ad impossibile tenetur.** Excusa también la impotencia moral, porque no puede creerse que el legislador urja una obligación con un incómodo que, según la interpretación general de los doctores, pueda considerarse grave; de aquí es que un miedo de carácter grave, excluido el daño de la sociedad o de la Religión, excusa de una ley humana.

Las causas que excusan de la guarda de la ley, pueden alegarse **directe o indirecte,** a saber, en cuanto que mueven al agente o a sustraerse de la obligación de la ley o del fin de ella, o por alguna otra causa, previsto no obstante el impedimento de observar la ley; además tales causas pueden ser próximas o remotas, en cuanto que la ley urge se cumpla en breve plazo, o después de un notable intervalo de tiempo. ([1])

Como toda ley eclesiástica puede ser quitada ya por la cesación **ab intrinseco** o por la abrogación **ab extrinseco,** esto es, por el legislador, así igualmente puede quitarse o suspenderse la obligación o eficacia de la ley en mayor o menor ámbito, permaneciendo generalmente la ley eclesiástica en los casos particulares. Lo cual si acontece **ab intrinseco** por la naturaleza de la cosa y por la misma voluntad del legislador manifestada ya desde el principio, se efectúa la excusa de la ley eclesiástica; más si alguien se exime de ella, no ya por la naturaleza de la cosa ni por la primitiva voluntad del legislador, sino por alguna causa eficiente a la cual es necesario se añada la nueva voluntad del legislador

---

[1] Ferreres, Teol. Mor. De leg. Cessat. lug. cit.

que relaje el vínculo de la ley, puede eximirse de la observancia de la ley por la dispensa o el privilegio concedido contra el derecho. ([2])

Hablaré ahora de la dispensa; esta según Huguenin, puede definirse: **Legis relaxatio ad tempus, legitima auctoritate facta ex justa causa, in gratiam alicujus.** El P. Wernz en su **Jus Decretalium** tantas veces citado, define así la dispensa: **Relaxatio legis ecclesiasticae in casibus particularibus a competente superiore ecclesiastico ex causa speciali et sufficienti facta.** De ambas definiciones se deduce claramente que para dispensar se requiere potestad y justa causa; y que la dispensa difiere de la declaración del derecho, epikeya, absolución, licencia simple y privilegio.

La potestad de dispensar, se define con estas reglas:

Regla primera:—De su ley puede dispensar el legislador, su sucesor y el superior de estos en jurisdicción. Así el R. Pontífice puede dispensar de todas las leyes eclesiásticas y el Obispo de las leyes diocesanas.

Regla segunda:—El inferior no puede dispensar de las leyes del superior, a no ser que se le conceda la facultad. La razón es, porque el dispensar es un acto de jurisdicción, y el inferior no tiene jurisdicción sobre las leyes del superior. Por eso dicen las Clementinas: "**Lex superioris per inferiorem tolli non potest**". ([3]) De donde se colige que el Obispo no puede dispensar de las leyes generales, sino en los casos que le hayan sido concedidos por Indulto o por costumbre.

Regla tercera:—La potestad de dispensar debe interpretarse latamente por ser favorable al bien público; pero la dispensa misma, como significa una herida a la ley, regularmente debe sufrir una interpretación estricta.

Veamos las causas que se requieren para dispensar; para mejor comprenderlas, propongo tres reglas:—Regla 1a. Es ilícita la dispensa concedida sin legítima causa; la razón es, porque la potestad se concede **in aedificationem, non in destructionem.** El Conc. de Trento en la Sesión XXV, Cap. XVIII de Reform. dice: "**Sciant universos canones exacte ab omnibus observandos; quod si ingens justequae ratio, major quandoque utilitas postulaverit cum aliquibus dispensandum esse, id causa cognita ac summa maturitate a quibuscumque ad quos dispensatio pertinebit, erit praestandum**". Sepan que todos los cánones deben ser observados exactamente por todos; y si hay razón justa y urgente y resultare algunas veces mayor utilidad, pueden ser dispensados algunos; pero se ha de conceder examinada la causa con suma marudez, por cualesquiera a quien pertenezca otorgar la dispensa.—Regla 2a. Es válida la dispensa concedida sin causa por el legislador o superior, porque la obligación de la ley depende de su voluntad; pero será inválida, si es concedida por un inferior o un delegado, porque éste no recibió la po-

---

2 Wernz, Excus. et Disp. leg. Eccles. n. 119.
3 Huguenin, lug. cit. De dispensat. leg. nos. del 114 al 116.

testad de dispensar de un modo temerario.—Regla 3a. La potestad siempre dispensa **sub conditione** ya expresa o ya tácita: **si preces veritate nitantur.** Can 40. Mas la reticencia o subrepción en las preces, no impide que el rescripto de dispensa tenga fuerza y sea válido, con tal que se hayan expresado las cosas que debieron manifestarse para la validez conforme al estilo de la Curia. Can. 42.

La dispensa cesa por tres causas: Por revocación, por la renuncia aceptada por el superior y por la cesación de la causa final, no solo antes de la ejecución, sino aun después de ella, a no ser que la dispensa sea absoluta o tenga materia indivisible.

La dispensa se divide: en lícita o ilícita, según se conceda por una causa justa o no justa; en válida o inválida, en cuanto que exime de la observancia de la ley o no exime de ella; en absoluta o condicional, en cuanto que se concede simplemente o añadiéndole alguna condición; y en subrepticia u obrepticia, en cuanto que se calla en la petición algo que debe manifestarse, o por el contrario se asegura en ella algo falso.

Wernz divide la dispensa de la ley eclesiástica del modo siguiente: en debida **(justitiae)** y en permitida **(gratiae)**; en expresa y tácita; en directa y propiamente dicha y en indirecta y menos propia; en única y múltiple dada para un día o a perpetuidad ,la cual es más bien un privilegio.

Según los antiguos Cánones, se distinguen tres clases de dispensas: las debidas, las permitidas y las prohibidas: **"Species autem dispensationum sunt tres, quarum una est debita, alia permissa, alia prohibita".** ([4]) Las dispensas debidas son las que tienen por causa la necesidad. **"Debita dicitur illa ubi multorum strages jacet, de scandalo timetur; dicitur etiam debita ratione temporis, personae, pietatis vel necessitatis Ecclesiae vel utilitas aut eventus rei".** ([5]) Las dispensas permitidas llamadas también arbitrarias, se conceden no por necesidad, sino simplemente por una causa racional: **"Nempe quando aliquid permittitur ut pejus evitetur".** ([6]) Las dispensas prohibidas son las que no pueden concederse sin lastimar profundamente el buen orden, como las que se conceden sin justificada causa o contra el derecho natural y divino: **"Prohibita dispensatio, est illa quae minime fieri potest absque manifesta juris dissipatione, vel quando justa causa dspensandi non adest".** ([7])

A pesar de los abusos que se pueden cometer muchas veces en el uso de las dispensas, debemos convenir que en varias ocasiones no obstante, es necesario dispensar, y que la misma ley hubiera exceptuado de su disposición, los casos en que se dispensa, si los hubiera previsto

---

4 Cap. XXV, Ut constitueretur. erbo Detrahebatur, Dist. 50.
5 Corrado, Institutiones Canónicas, lib. 1°. cap. 3°. n. 1.
6 Corrado, Institutiones Canónicas, lib. 1°. cap. 2°. De Sponsal.
7 C. 20, X Innotuit, X. Lib. 1°. Tit. 6 De Electione.

o podido preveer. Esta no es una invención de nuestros días, ni una gracia cuya concesión dispensa a cualquiera de sus deberes; es sí en general, un acto de pura justicia practicado como tal desde los primeros siglos de la Iglesia; es decir, que desde aquellos tiempos primitivos, en que los Superiores de la Iglesia eran enemigos de abusos y relajaciones, ya se concedían las dispensas que se juzgaban necesarias.

En tiempo de S. Cipriano, era una ley el no conceder la absolución a los grandes pecadores, sino después de cumplir la penitencia que se les hubiese impuesto; sin embargo, dejaba de observarse esta ley, no solo cuando los penitentes se veían atacados de una enfermedad que ponía en peligro su vida, sino también cuando llegaba el tiempo de persecución y se juzgaba ventajosa para la Iglesia la vuelta de los penitentes. El Santo Obispo de Cartago solo se quejaba de Terapio que había dado la paz al sacerdote Victor antes que éste hubiese cumplido enteramente su penitencia, porque lo había hecho sin tener en su favor ninguna de las razones que se exigían entonces para conceder esta indulgencia. El Concilio de Nicea prohibió a los Obispos, presbíteros y diáconos el que pasasen de una Iglesia a otra; todavía fué más allá el Conc. de Sárdica, pues negaba aun la comunión en el artículo de la muerte, a los que habían dejado sus obispados por cuenta propia para ocupar otros. Sin embargo, después reconoció el cuarto Conc. de Cartago, que en ciertos casos las traslaciones podían ser útiles a la Iglesia, y únicamente exigió que no se permitiesen sin justas razones, cuyo exámen y discusión dejó al Concilio provincial. Lo mismo declaró el Papa Gelasio; condenó las traslaciones que se hacen por avaricia o ambición, pero autorizó las que solo tienen por objeto la gloria de Dios y el mayor bien de los pueblos.

Estos ejemplos, a los que podríamos añadir otros muchos, manifiestan suficientemente que tuvo bastante razón S. Cirilo cuando dijo que hay casos en que se ve uno obligado a abrir una brecha a la ley y que los verdaderos sabios nunca han desaprobado una dispensa justamente concedida. ([8])

Después que el emperador Constantino dió la paz a la Iglesia y se podían reunir con mas libertad y frecuencia los concilios provinciales, se reservó a estas asambleas el dispensar en ciertos casos de la exacta observancia de las leyes eclesiásticas. Pareció justo reservar a los que hacen las leyes el relajar en algo su severidad; por otro lado los legisladores, los Obispos en particular, no siempre tienen toda la firmeza necesaria; bien pronto se hubiera destruido toda la disciplina eclesiástica, si a cada uno de ellos se les hubiera permitido violar las reglas. Estas razones y otras que no necesitamos enumerar aquí, hicieron que el poder de dispensar de los Concilios provinciales, pasase después a la Santa Sede, de que, por lo demás había estado siempre en posesión,

---

8 Dicción. de Der. Can. edit. Rosa y Bouret, Paris, 1854.

como lo comprueban la historia y la tradición de los pasados siglos; pero que, conforme aseguran varios historiadores, no se había servido de él sino con una extremada circunspección.

En cuanto a esto, no hubo ninguna ley eclesiástica y solo fué el uso el que introdujo esta práctica. El jurisconsulto Tomassino según el Dicc. de Derecho Canónico de Bouret, París, 1854, dice que las dispensas autorizadas por los Romanos Pontífices, no se concedían por los Pontífices antiguos más que por las faltas pasadas o por razón de utilidad pública; aun en el día no deben tener otro objeto. Las dispensas obtenidas por los particulares no derogan esta regla, porque el bien individual se refiere al bien general, como la parte al todo.

Las materias que presentan los casos particulares y ordinarios de las dispensas, son: los impedimentos y las proclamas de matrimonios: las irregularidades que comprenden todos los defectos que inhabilitan para las órdenes y los votos. Las censuras solo presentan casos de absolución, pero no de dispensa; sin embargo, como producen muchas veces irregularidades, en Roma casi no se hace diferencia de ellas. Entre las varias dispensas, hay unas que se llaman **in radice**, y son aquellas en virtud de las cuales un matrimonio nulo llega a ser válido sin que sea necesario renovar el consentimiento. La Iglesia tiene la potestad suficiente para esta dispensa en beneficio de las almas que están a su cuidado y consta que con frecuencia ha hecho uso de ella.

El Editor del Diccionario de Derecho Canónico del cual he tomado las notas históricas precedentes, refiere con este motivo, que conoció en Francia a un Prelado que había concedido durante algún tiempo, dispensas de matrimonio sin el indulto Pontificio. Sabiéndolo su Secretario general, escribió a Roma en nombre y de parte de su Obispo para alcanzar **letras sanatorias**, las que en efecto obtuvo. Por último, Pio VII por el órgano del Card. Caprara, concedió a los Obispos de Francia el poder de dispensar **in radice** durante un año, de todos los matrimonios contraidos hasta el 14 de Agosto de 1801. ([9])

Cabe ahora preguntar: Podrá el Papa dispensar de la Ley divina? Puede dispensar por causa justa en los casos en que el derecho divino nace de la voluntad humana, como en los votos y juramentos; se controvierte entre los doctores si en los demás casos podrá dispensar verdaderamente por gravísimas causas o solamente declarar que cesa entonces el derecho divino.

Veamos la autorizada opinión del P. Wernz acerca de este punto. El R. Pontífice no puede dispensar verdadera y válidamente de las leyes divinas, ya naturales o ya positivas dadas absolutamente. Mas los pre-

9 Datos tomados del Dicc. de Der. Can. ya citado.—Conviene advertir aquí, que todos los Rvmos. Obispos Americanos y de México tienen de la Sgrda. Congreg. de Sacramentos la Facultad de sanar *in radice* los matrimonios inv;lidos *ob impedimentum minoris gradus, observando* las cláusulas contenidas en la facultad no. 4 de las concedidas por esta misma Sgrda. Congregación.

ceptos del derecho natural que dependen en su obligación preceptiva del anterior consentimiento de la voluntad humana y de su eficacia para hacer alguna cosa, pueden ser dispensados por justa causa por el R. Pontífice en virtud de su potestad vicaria concedida **speciatim** por el mismo Dios; pero no quitando precisa y directamente la obligación de la ley natural, sino mediante alguna remisión que hace por parte de la materia. Así v. g., el R. Pontífice en nombre de Dios perdona la deuda nacida de la voluntad humana en el voto, o disuelve el vínculo del matrimonio rato efectuado por el contrato matrimonial, y de ahí cesa consiguientemente la obligación del derecho natural. Por lo cual rectamente advierte el P. Suárez, que tales remisiones, en rigor no son dispensas del derecho natural, sino mas bien dispensas que se hacen por cierta remisión, en fuerza de la potestad de jurisdicción. Pero cuando la ley natural obliga por la virtud de la sola razón en materia independiente del anterior consentimiento de la voluntad humana, aun al R. Pontífice se le sustrae toda la potestad de conceder estas dispensas. Sin embargo, el R. Pontífice en toda ley eclesiástica, ya sea suya, de sus predecesores o de los Prelados inferiores y hasta de los Concilios Ecuménicos o de los Apóstoles, puede dispensar válidamente aun sin justa causa; pero para conceder dicha dispensa lícitamente, es necesaria una causa justa y proporcionada. ([10])

Respecto de los Obispos, **de jure ordinario,** pueden dispensar de todos los estatutos episcopales y sinodales y en las leyes comunes para las personas particulares, según los casos que muchas veces se presenten con frecuencia, como en los ayunos, abstinencia, obervancia de las fiestas, y del Oficio divino en los casos particulares; de los primeros, dispensa como legislador en asuntos propios; mas de las leyes comunes, por facultad concedida por el Supremo legislador; **de jure extraordinario,** puede dispensar en las demás leyes pontificias por razón de necesidad, privilegio o legítima costumbre, si alguna está vigente en algún lugar. ([11]) Cánones 81 y 291, p. 2.

Los Obispos pueden dispensar válidamente y aun sin justa causa, de sus leyes y de las de sus predecesores, aunque hayan sido dadas en Sínodo diocesano. Y nadie se opone a que en virtud de ley positiva dispensen hoy válidamente en algunos casos particulares de los decretos del Conc. Provincial, con tal que intervenga una justa causa. Pero de las leyes universales de la Iglesia no pueden dispensar sino en los casos permitidos expresa o tácitamente por el derecho ordinario, a menos que tengan delegación especial. ([12]) Can. 291, par. 2.—

Respecto de las dispensas que tanto el R. Pontífice como los Obispos puedan o no conceder, veamos lo que dice el P. Wernz en su Obra y lugar citados:

---

[10] Toda esta doctrina es de Wernz, De dispensat, leg., nos. 121 y 122.
[11] Huguenin, De dispensatione legum eccles. pag. 50, n. 115.
[12] Benedicto XIV, De Synodo Dioec. libr. XIII, cap. 5 n. 7.

La relajación de la ley eclesiástica puede concederse o por potestad **propia** de quien dió la ley o su superior, o por potestad **derivada** que el mismo legislador o su superior concedió para ejercerla con derecho ordinario o delegado, al Prelado inferior. Esa potestad **propia** se ejerce válidamente aun sin causa, por el superior eclesiástico en sus leyes propias, o en los estatutos de sus predecesores o de los prelados inferiores. Mas el prelado inferior **per se** no tiene absolutamente potestad alguna propia de dispensar en las leyes del superior, pues la potestad derivada de dispensar que tal vez se le concedió por derecho ordinario o delegado, solo puede ejercerla válidamente dentro del ámbito de la facultad concedida expresa o tácitamente y por causa justa.

También los Párrocos **per legem** (Can. 1245) dispensan al menos de la ley del ayuno, abstinencia y observancia de las fiestas, en casos urgentes, si se trata de casos particulares y transeuntes, (13) y de algunos impedimentos matrimoniales. Cánones 1043, 1044 y 1046.—

La dispensa siendo como es un acto de jurisdicción, no puede concederse sino a los que verdaderamente sean súbditos; por lo cual los Legados de la Sede Apostólica pueden conceder dispensas a los habitantes de su provincia; los Obispos ante todo a sus propios diocesanos y aun a los ausentes y algunas veces a los peregrinos (Can. 201, par. 3); los Prelados regulares, al menos los exentos que tienen una jurisdicción quasi-episcopal, a sus súbditos religiosos; los párrocos en los casos permitidos a sus feligreses; el supremo Superior en especial y otros, y el que por comisión suya tiene la potestad general de conceder dispensas, puede dispensarse a sí mismo directa e indirectamente; porque la dispensa es un acto de jurisdicción voluntaria que no exige necesariamente distinción de personas. Véase el Canon 1043. ([14])

En caso de duda, los rescriptos que se refieren a litigios o que dañan derechos adquiridos por otros, o se oponen a la ley en beneficio de personas privadas, o finalmente los que fueron impetrados para la consecución de un beneficio eclesiástico, reciben una interpretación estricta; todos los demás, lata. Véanse los Cánones 50 y 85. Por consiguiente, también la facultad de dispensar a alguno en lo particular, ya se haga la delegación a petición de parte o del delegado o de determinada persona, o se encomiende la elección a la persona que ha de dispensar, es una concesión de estricto derecho; porque tal con-

---

[13] Wernz, lug. cit.—Bucceroni, Inst. Theol. mor. vol. I. pag. 97, dice: De jure parochorum dispensandi non solum attendenda sunt quae theoretice de illo tradunt moralistae, sed etiam statuta Synod. dioec. et provincialis.

[14] Quae potestas dispensandi Episcoporum sese etiam extendit ad *advenas* cum quasi-domicilio in dioecesi *existentes* et ad *vagos* in dioecesi actu commorantes, immo ratione etiam ad *peregrinos*, qui territorium doecesanum ingressi fuerint.—Declaratio S. C. Inquisit. 22 Nov. 1865; et Sacr. Congreg. de Propag. Fide 19 Sept. 1861; et 13 Martii 1886 in Collectanea; et Sacr. Congreg. de Propag. Fide, num. 1466 et 1467.

cesión es moralmente la misma dispensa y por lo tanto está sujeta igualmente a una estricta interpretación. ([15])

La dispensa de la ley eclesiástica cesa por tres causas:

1a.—Por la revocación. La cual hecha por el mismo legislador, con tal que la dispensa sea capaz de revocación, aun sin justa causa es válida, pero ilícita; puesto que si la dispensa es revocada aun por una causa justa por un delegado para alguna dispensa particular, tal revocación es nula e írrita, porque en aquel delegado se extinguió absolutamente la potestad delegada después de concedida la dispensa. Mas si un Prelado inferior la concedió en la ley del superior por derecho ordinario o por delegación **ad universitatem causarum** y la revocó después por causa justa, la revocación es válida porque aquella potestad de dispensar no le fué quitada después del acto de la concesión. Pero sí deberá decirse que es inválida la revocación de la dispensa, si se hace sin justa causa aun por el mismo prelado inferior; pues en efecto, se presume con razón, que el superior no le dió facultad para esta revocación.

2a.—Por la renuncia de aquel a quien fué otorgada la dispensa, si además de que se trate de aquellas obligaciones que toman su inicio y firmeza, no de nuestra voluntad sino de la ley, es aceptada la renuncia por el competente superior eclesiástico.

3a.—Por la cesación total del motivo de la dispensa, v. g. por haber sanado de la enfermedad que la motivó, cesa también completamente la misma dispensa, si tiene un período sucesivo y no fué dada absolutamente. Mas la dispensa no cesa por el no uso de ella, o por el uso contrario, o por una nueva dispensa válida, la cual no puede suspenderse por la primera dispensa o por el alejamiento del territorio del dispensador, si la dispensa fuera perpetua. ([16])

Con lo dicho es suficiente para tener una idea bastante precisa de la doctrina canónica acerca de la Excusa y Dispensa de las Leyes eclesiásticas. Pero no terminaré este Artículo sin insertar las disposiciones canónicas que nos dá el N. Código de Derecho en varios Cánones que confirman toda la doctrina antes declarada.

Canon 15.—**Leges, etiam irritantes et inhabilitantes, in dubio juris non urgent; in dubio autem facti potest Ordinarius in eis dispensare, dummodo agatur de legibus in quibus Romanus Pontifex dispensare solet.**

Canon 80.—**Dispensatio, seu legis in casu speciali relaxatio, concedi potest a conditore legis, ab ejus successore vel Superiore, nec non ab illo qui iidem facultatem dispensandi concesserint.**

---

[15] Wernz, De dispensat. leg. eccles. Obra cit., n. 125.—Suarez, Trat. De Leg., libr. VI, cap. 17. n. 11.—Citado por Wernz en el mismo lug.

[16] Suarez, lug. cit., libr. VI, cap. 20. Quae Hinschius in Encyklop. d. Rechtaw. t, III pag. 799, contra hanc sententiam profert, aut non sunt ad rem, aut solido fundamento carent.

Canon 81.—**A gneralibus Ecclesiae legibus Ordinarii infra Romanum Pontificem dispensare nequeunt, ne in casu quidem peculiari, nisi haec potestas eisdem fuerit explicite vel implicite concessa, aut nisi difficilis sit recursus ad Sanctam Sedem et simul in mora sit periculum gravis damni, et de dispensatione agatur quae a Sede Apostolica concedi solet.**

Can. 82.—**Episcopi aliique locorum Ordinarii dispensare valent in legibus dioecesanis, et in legibus Concilii provincialis ac plenarii ad normam can. 291, par. 20, non vero in legibus quas speciatim tulerit Romanus Pontifex pro illo peculiari territorio, nisi ad norman can. 81.**

Canon 83.—**Parochi nec a lege generali nec a lege peculiari dispensare valent, nisi haec potestas expresse eisdem concessa sit.**

Canon 84.—**Par. 1°. A lege ecclesiastica ne dispensetur sine justa et rationabili causa, habita rationis gravitatis legis a qua dispensatur, alias dispensatio ab inferiore data illicita et invalida est.**

Par. 2°. Dispensatio in dubio de sufficientia causae licite petitur et potest licite et valide concedi.

Can. 85.—**Strictae subest interpretationi non solum dispensatio ad norman can. 50, sed ipsamet facultas dispensandi ad certum casum concessa.**

Can. 86.—**Dispensatio quae tractum habet successivum, cessat iisdem modis quibus privilegium, nec non certa ac totali cessatione causse motivae.**

Cuya traslación castellana es como sigue:

En la duda de derecho no obligan las leyes, aun las irritantes o inhabilitantes; mas en la duda de hecho puede el Ordinario dispensarlas, con tal que se trate de leyes que el R. Pontífice acostumbra dispensar. La dispensa o relajación de la ley en un caso especial, puede concederla el creador de la ley, su sucesor o su superior, y también aquel a quien hayan concedido la facultad de dispensarlas.—Los Ordinarios que están después del R. Pontífice no pueden dispensar de las leyes generales de la Iglesia, ni en algún caso particular, a no ser que esta potestad se les haya concedido explícita o implícitamente, o que sea difícil recurrir a la Santa Sede y haya también peligro en la demora y se trate de una dispensa que suele concederse por la S. Apostólica.—Los Obispos y otros Ordinarios de los lugares, pueden dispensar de las leyes diocesanas y de las del Conc. provincial y plenario según el canon 291, par. 20, pero no de las leyes que el R. Pontífice haya impuesto especialmente a algún territorio particular, a no ser según el can. 81.—Los párrocos no pueden dispensar ni de la ley general ni particular, a no ser que esta potestad se les haya concedido expresamente.—No se dispense de la ley eclesiástica sin motivo justo y racional, teniendo en cuenta la gravedad de la ley que se dispensa, pues de otra suerte, la dispensa concedida por un inferior es ilícita e inválida.—Lícitamente se pide la dispensa en la duda de causa suficiente y puede concederse lícita y válidamente.—Sujétese a una interpretación estricta, no solo la dispensa según el can. 50, sino la misma facultad de dispensar concedida para determinado caso.—La dispensa que tiene un período sucesivo, cesa por las mismas razones que el privilegio, y también por la cesación total de la causa que la haya motivado.

ARTICULO X

DE LA INTERPRETACION DE LAS LEYES ECLESIASTICAS

Veamos la definición que de la Interpretación nos dá el P. Ferreres: **Interpretatio legis, est genuina ejus explicatio juxta mentem legislatoris.** ([1]) El mismo autor la divide:—I. En auténtica y directiva; la auténtica hace derecho **jus facit,** y puede ser universal si el sentido de la ley se determina por el propio legislador o por causa equipolente, esto es, por legítima costumbre; o particular, si se determina por el juez legítimo y entonces solo hace derecho entre las partes. La directiva no hace derecho, sino se ordena a constituirlo; y puede ser, o usual, si se hace una costumbre perfecta aunque no esté arraigada en las costumbres del pueblo, o doctrinal si se hace por la ciencia de los peritos.—II. En estricta o lata, en cuanto que se hace estrictamente según la propiedad natural de las palabras, o extensamente según el sentido más benigno.—III. En simple o comprensiva y extensiva; es comprensiva cuando el sentido declarado no se aparta de la significación propia de las palabras y del uso recibido; y extensiva, cuando aceptada propiamente y conforme al sentido común, más de lo que las palabras indican, concede, prohibe o dispensa alguna cosa etc., etc. Así opina Ballerini, asegura Ferreres, aunque no todos los autores están de acuerdo. El P. Ballerini y otros dicen que la interpretación auténtica, si es comprensiva, no necesita de promulgación; pero que la extensiva carece de toda fuerza si no es promulgada legítimamente. Sin embargo, parece que mejor debe decirse que no solo la interpretación auténtica extensiva, sino también la comprensiva, necesitan de legítima promulgación cuando la ley es objetivamente dudosa u oscura.

Del mismo modo opina el P. Wernz quien tratando de la interpretación de la ley eclesiástica, dice así: La interpretación es en general, **explicatio (manifestatio, significatio) sensus in lege lata ab initio jam contenti;** en sentido estricto, la interpretación es sencillamente la explicación del sentido dudoso y oscuro de una ley que se ha dado; y en sentido mas lato, es toda explicación del sentido de las palabras de una ley clara en sí, por otras palabras y frases mas claras. Cuya interpretación tomada en el sentido mas lato, los escritores antiguos la llaman **declaración,** para distinguirla de la interpretación, esto es, entendida sencillamente y en sentido estricto. Por lo cual, la interpretación que nada nuevo establece **per se,** sino que solamente aclara lo que desde el principio dictaba la ley, tiene fuerza retroactiva. Lo cual si se trata de una ley verdaderamente dudosa y oscura, en verdad necesita también de la promulgación. ([2])

---

[1] Ferreres, Theol. Moral. De lege, pag. 119, n. 181.

[2] Wernz, Jus Decret. De interpret. leg. eccles. n. 127.

La interpretación la divide en esta forma el P. Wernz:

I.—Por razón de la causa eficiente, en auténtica o necesaria y en directiva o no necesaria. La primera es aquella que es propuesta por la autoridad pública de un modo obligatorio, y es general, si se prescribe a todos los súbditos por medio de una ley general escrita o por el verdadero derecho consuetudinario; mas es particular si solo hace derecho entre las partes v. g., por la sentencia del juez. La interpretación directiva, es la que no tiene fuerza de obligar **per se** y o es **doctrinal** si se hace por varones doctos según las reglas de la jurisprudencia y tiene la fuerza que exige el peso de las razones, o **usual** si introducida en las costumbres del pueblo, constituye solamente una observancia actual, pero no un derecho consuetudinario.

II.—Puesto que si la interpretación se divide por razón del modo y de los efectos en traslativa, declarativa, correctiva, restrictiva y extensiva, solo la interpretación declarativa es la verdadera interpretación aunque por modestia, aun aquella explicación de la ley se llama interpretación, la cual no ha sido dada según la propiedad de las palabras, sino que lleva mezclada alguna mutación de la ley **(declaramus et statuimus)**, ya por la extensión mas allá del sentido propio de las palabras no contenido al principio en la ley, o ya por restricción reductiva del sentido de las palabras.

III.—Por último, si entre los escritores modernos se divide la interpretación en gramatical, lógica, histórica o sistemática, no se hace una verdadera división de la interpretación sino que más bien se indican los medios por los que se llega a una perfecta interpretación.

Siendo el fundamento de la interpretación el texto auténtico o genuino, íntegro o puro, es necesario que preceda a la explicación del texto la inquisición **crítica** del mismo texto. Si ésta versa acerca del autor, edad, autenticidad e integridad de la ley, se llama crítica real; si pesa solo las palabras del texto y corrige las que adolecen de error valiéndose de varios adminículos, se llama crítica verbal.

El uso de la crítica en la explicación de los libros de las Decretales, está sumamente limitado, tanto el de la crítica real, porque cada capítulo se ha hecho auténtico en virtud de la inserción en la Colección auténtica, como el de la crítica verbal, especialmente en cuanto a la parte dispositiva que por el texto decretado de oficio por Gregorio XIII, solo puede usarse moderadamente. Después que el texto ha sido definido conforme a los sólidos principios del arte de la crítica, puede haber lugar a explicación según las reglas de la ciencia, cuyo complemento es la hermenéutica del Derecho Canónico.

La ley eclesiástica puede interpretarla auténticamente, o el mismo legislador o su sucesor o el superior dotado de jurisdicción competente, o aquel a quien se ha dado por el legislador la potestad de interpretar, o por el competente superior de aquel aun en cuanto a la potestad legislativa. Por cuyo motivo, el R. Pontífice en primer término, por la prerrogativa de la infalibilidad concedida a él divinamente y por la plenitud de su jurisdicción, es el intérprete auténtico en la Iglesia, no solo del Derecho canónico o humano, sino también del divino. También las Sagradas Congregaciones de Cardenales están investidas por la S. Apostólica de amplias facultades para interpretar y ejecutar las leyes eclesiásticas. La Const. **Immensa** de Sixto V de 22 de Enero de 1588 no se mudó en este asunto por la de Pio X **Sapienti consilio,** de 29 de Junio de 1908.

La interpretación de la ley, sobre todo cuando es favorable, podría dar lugar a confundirla con la dispensa; pero la interpretación de una ley, no es siempre una dispensa porque podemos atenernos a la letra de su disposición después de haber conocido su espíritu al interpretarla y entonces no es lo que se hace, una interpretación propiamente dicha, sino una explicación **per modum declarationis;** al paso que toda dispensa se funda necesariamente en una interpretación de la regla de que dispensa, porque no se podría dispensar de un canon, sino interpretando el espíritu de sus palabras en tal sentido, que si la Iglesia que le hizo hubiera previsto tal o cual circunstancia, habría ordenado en aquel caso la excepción de su regla. Con respecto a esto, usan los canonistas de una distinción que se expresa en estos términos: **"Si interpretatio sit intrinseca, substantialis et inseparabilis a lege, tunc est mera declaratio; si vero sit argumentalis vel extrinseca, tunc proprie fit interpretatio, vel potius correctio seu modificatio."** ([3])

Fuera de las varias especies de interpretación que se han anotado, los canonistas traen otras que deben conocerse, para la mayor amplitud de nuestro estudio; son las siguientes:—La legislativa del Príncipe;—la general y necesaria, pero que no consta por escrito y es la de la costumbre;—la interpretación del juez que es necesaria y por escrito;—la llamada de la glosa y de los doctores;—la interpretación traslativa que se hace de una lengua a otra;—la interpretación literal por la cual se hace la traducción literal según las reglas de la gramática;—y la interpretación moral que no se contenta con traducir las palabras, sino que da su sentido y explicación. ([4])

También se llama **doctrinal** la interpretación de los doctores acerca del Derecho canónico permitida a cualquier privado según las reglas de la sana jurisprudencia, a no ser que haya especial prohibición, como la que ordenó el Papa Pio IV en la Constit. **Benedictus Deus** del 26 de Enero de 1564, con respecto a los Decretos del Conc. de Trento. ([5]) Pues esta Constitución contiene una de las prohibiciones mas terminantes bajo pena de excomunión contra los que publicaran comentarios de aquellos Decretos; se asegura que se ejecutaba exactamente y que

---

[3] La doctr. anterior es de Wernz, Jus Decret. De Interpret. leg. eccles. nos. del 127 al 130.

[4] Diccionario de Der. Can. de Rosa y Bouret, Paris 1854.

[5] Wernz, lugar citado.

había en Roma tanta severidad en este punto, que la Sagrada Congregación puso en el Indice por un Decreto de 27 de Abril de 1621, la colección de Agustín Barbosa que insertaba las opiniones de los diversos doctores que convienen con el Concilio. La misma Congregación declaró que un jurisconsulto español había incurrido en la excomunión pronunciada en la Const. de Paulo IV, por haber querido hacer una glosa del Concilio. ([6])

Las reglas del derecho suministran sabios principios acerca de la forma de las interpretaciones; pondré aquí algunos de los más salientes: **"Certum est quod in his committit in legem, qui legis verba complectens, contra legis nititur voluntatem.** ([7]) Esto significa que en la interpretación de las leyes, debemos adherirnos más a descubrir el verdadero sentido y espíritu de la ley, que a seguir sus palabras. Esta es la causa por la que cuando se halla en una ley algún pasaje oscuro, debe leerse toda ella con atención, sin omitir el preámbulo si lo hubiere, con el objeto de juzgar sus disposiciones por los motivos que la causaron y preferir aquella explicación que parezca más conforme con el espíritu de la ley y con la intención del legislador.—2°. **Cum partium jura obscura, reo favendum est potius quam actori.** ([8]). 3 . **In poenis benignior est interpretatio facienda.** ([9]) 4°. **In obscuris nimium est sequendum.** ([10]) Cuando el derecho de las partes parece oscuro y embrollado, es menester inclinarse, mas bien a favor del litigante que combate por no perder, que a favor del que pleitea por ganar; en consecuencia de este principio, débese, tratándose de materia criminal, inclinar la sentencia hacia la clemencia.—5°. **Odia restringenda et favorabilia amplianda.** ([11]) Las leyes que favorecen lo que es conveniente para la humanidad, utilidad pública, religión y otras causas, deben interpretarse con toda la extensión que estas causas pueden darles unidas a la equidad. Aquellas que restringen la libertad natural o que establecen penas, no deben hacerse extensivas a los casos que no estén señalados en ellas expresamente. Débese pues limitarlas a lo que marcan, y darlas todo el aspecto de justicia que sea posible. Empero, por rigurosas que parezcan las disposiciones de una ley, deben seguirse a la letra si es evidente que este rigor es esencial a la ley y que no se puede disminuir sin destruirla. Pero si la ley puede obtener su efecto por una interpretación que modere este rigor, debe preferirse la equidad que es el espíritu de todas las leyes, al modo rígido y severo de interpretarlas. 6°. **Quae contra jus fiunt, debent utique pro infectis haberi.** ([12]) 7°. **Non firmatur tractu temporis quod de jure ab initio non sub-**

---

6 Diccionario ya citado.
7 C. 8. Propterea, X, Lib. V. Tit. 40, De Verb. significat.
8 Reg. 11, R. J., in 6°.
9 Reg. 49, R. J., in 6°.
10 Reg. 30, R. J., in 6°.
11 Reg. 15, R. J., in 6°.
12 Reg. 64, R. J., in 6°.

sisti. ([13]) 8°. **Factum legitime retractari non debet, licet casus postea eveniat a quo non potuit inchoari.** ([14])

Hay leyes que declaran nulo todo lo que se hace en contra de sus disposiciones, como las relativas a los impedimentos dirimentes del matrimonio: otras por el contrario, pronuncian penas contra aquellos que contravienen a ellas sin declarar nulos los actos. En caso de contravención a las leyes de la primera especie, lo que se ha hecho con perjuicio de la ley no puede confirmarse por lo que sobrevenga, aunque esto lo habría hecho nulo si hubiera sucedido antes de verificarse. 1°. **Quod ob gratiam alicujus conceditur, non est in ejus dispendium retorquendum.** ([15]) Las gracias que la ley o un privilegio conceden a los particulares, no deben jamás volverse contra ellos. 2°. **Privilegium personale personam sequitur, et extinguitur cum persona.** ([16]) Se consideran los privilegios como leyes hechas en favor de los particulares: cuando son personales, dejan de existir al morir la persona que los poseía; cuando están concedidos a una dignidad o monasterio, subsisten después de la muerte del que los obtuvo para su dignidad o monasterio. 3°. **Contra eum qui legem discere potuit, apertius est interpretatio facienda.** Cuando en un acto hay alguna cláusula oscura, debe explicarse en contra del que habría podido explicarse mas claramente. ([17]) 4°. **Utile non debet pro inutile vitiari.** Una cláusula viciosa en la que no hay necesidad de declarar lo principal del convenio, no hace nulo el acto. ([18]) Todas estas reglas tienen aplicación en el Derecho Canónico y Civil.

Como una consecuencia del gran principio que establece que al legislador compete interpretar las leyes, **ejus est interpretare cujus condere,** los canonistas establecen que solamente al Papa corresponde interpretar los cánones en general, ya sean pontificios o conciliares. Sus interpretaciones, como declaraciones de los textos dudosos o equívocos, hacen ley como el texto mismo, según la regla de derecho: **Declaratio legis ab eo facta, qui a principe seu legis conditore jus habet legem interpretandi, essentialiter non differt a lege declarata.** La interpretación de la ley hecha por el que tiene derecho de interpretarla por comisión del príncipe o del creador de la ley, no dilfiere de la misma ley ([19]). Con motivo de esta antigua doctrina de las Decretales, creo oportuno referirme en este punto, al **Motu Proprio** de S. S. Benedicto XV **Cum juris canonici** del 15 de Septiembre de 1917, en el que dice textualmente: **"Exemplum decessorum Nostrorum secuti, qui de-**

---

13 Reg. 18, R. J., in 6°.
14 Reg. 73, R. J., in 6°.
15 Reg. 61, R. J., in 6°.
16 Reg. 7, R. J., in 6°.
17 Reg. 57, R. J., in 6°.
18 Reg. 37, R. J., in 6°.
19 Véase a Maroto, Vol. I. Cap. IV De Interpret. legis.

cretorum Concilii Tridentini interpretationem proprio Patrum Cardinalium coetui commiserunt, Consilium seu Commissionem, uti vocant, constituimus, cui uni jus erit Codicis canones authentice interpretandi, audita tamen, in rebus majoris momenti, Sacra ea Congregatione cujus propria res sit, quae Consilio disceptanda proponitur". Siguiendo el ejemplo de Nuestros predecesores, que encomendaron a una reunión de Padres Cardenales la interpretación de los decretos del Conc. de Trento, constituimos un Consejo o como llaman Comisión, la que sola ella tendrá el derecho de interpretar los cánones del Código, consultando no obstante, en los casos de gran importancia, a la Sagrada Congregación a la que corresponde esto, la cual discutirá con el Consejo lo que se proponga.

Los Arzobispos y Obispos pueden interpretar los cánones de los Concilios provinciales y sinodales. Respecto de la interpretación de los textos de la Sagrada Escritura, el Conc. de Trento en la Sess. IV, prohibió interpretarlos en sentido contrario al sentimiento unánime de los Santos Padres, a la que pertenece juzgar del verdadero sentido de los Libros Santos. El quinto Conc. general y 2°. de Constantinopla, celebrado en 553, había establecido ya la misma regla, fundado en las palabras de S. Pedro en su Epist., de que ninguna profecía de la Escritura debe explicarse por una interpretación privada. **"Hoc primum intelligentes, quod omnis prophetia Scripturae propria interpretatione non fit".** ([20])

El derecho establece que los jueces legos no pueden interpretar **auctoritative** los cánones y demás leyes eclesiásticas: **"Supervacaneum fuisset, et praeter intentionem pontificis in ea constitutione prohibere judicibus laicis interpretationem auctoritativam decretorum concilii, cum indubitati juris sit, judices saeculares non posse leges canonicas et conciliares auctoritative interpretari."** ([21]) Hubiera sido inútil y fuera de la intención del pontífice, prohibir en su constitución la interpretación autoritativa de los decretos del Concilio a los jueces legos, puesto que es de derecho innegable que los jueces seculares, no pueden interpretar autoritativamente las leyes canónicas y conciliares.

Como la interpretación de las leyes de la Iglesia no debe estar sujeta al capricho de los hombres por más versados que estén en el conocimiento de las leyes, el derecho canónico ha establecido reglas de interpretación, a las cuales debe sujetarse el que por derecho propio o delegado del Superior esté comisionado para ello.

Las leyes eclesiásticas deben de entenderse en el sentido natural y obvio de los términos usados en su texto. Si las palabras son claras y expresan bien el sentido, no hay lugar a interpretación; de ahí el axioma: **Verba clara non admittunt interpretationem; ubi lex non distinguit, nec nos distinguere debemus; verba generalia generaliter sunt**

20 Epist. II. Cap. I. vers. 20.
21 Véase a Wernz, De Interpret. leg. Vol. 1°. Jus Decret.

sumenda. Y esta interpretación debe ser estricta; esto es, no aplicarla a asuntos que no están incluidos con claridad en el texto de la ley. ([22]) Para este objeto se proponen varias reglas. Veamos cuál sea su utilidad.

Las leyes humanas admiten la interpretación doctrinal, que aunque **per se** no tiene fuerza para introducir leyes, no obstante, las más de las veces puede engendrar una certidumbre moral e inducir a obligación. Pues como las leyes eclesiásticas son reglas generales y estables, el legislador no puede muchas veces dar la ley tan clara y precisa que no necesite de interpretación. Muchas veces se presentan ambiguedades y dudas, tanto porque las leyes se dan con pocas palabras y estas en sentido general, como porque se originan dificultades en la aplicación de los casos particulares, para los cuales se necesita la explicación de la ley. Ahora bien, no siempre puede ser consultado el legislador; además era necesario que fuese lícito a personas privadas interpretar la ley doctrinalmente.

Hemos visto anteriormente que son varias las reglas doctrinales de la interpretación y que aun la misma interpretación doctrinal se divide en simple o declarativa, extensiva y restrictiva. Pero para que la interpretación sea recta, se usan varias reglas doctrinales; de éstas, unas son generales, otras se refieren a la interpretación extensiva, restrictiva y simple, y varias que se observan en el conflicto de las leyes. En atención a su positiva utilidad, voy a tratar de cada una de ellas.

Reglas generales.—Regla 1a.—La interpretación de la ley debe hacerse siempre **juxta mentem legislatoris**; pues la intención del legislador es el alma de la ley y la medida de la obligación; de cualquier manera que conste la voluntad del legislador, según ella deberá interpretarse la ley.

Regla 2a.—Como la materia de la ley debe ser conforme a la razón y útil a la sociedad, debe evitarse aquella interpretación de la cual se seguiría un absurdo, iniquidad, contrariedad de las leyes e inutilidad de las mismas; porque como escribió cierto autor con bastante agudeza, entre las varias especies de interpretación de la ley, aun no se enumera la interpretación **aniquilativa.**

Regla 3a.—Tres son los efectos de la excepción de la regla: Primero: **Exceptio restringit regulam,** porque la universalidad de la regla falla con respecto al caso exceptuado. Segundo efecto: **Exceptio declarat regulam;** pues por la cualidad de la excepción se ve de qué género de asuntos dispone la regla. Tercer efecto: **Exceptio firmat regulam,** en los casos no exceptuados; esto es, los casos en que no se encuentran los exceptuados, se juzgan comprendidos bajo la regla.

Reglas de la interpretación extensiva.—Regla 1a.—**Ob solam similitudinem rationis, lex non extendenda est** a los casos no expresados. Pues la razón de la ley, no es la misma ley; porque el legisla-

---

22 Ayrinhac, General Legislation in the New Code. nums. 110 and 111.

dor no tiende a obligar sino a lo que se refiere v. g., los estatutos para los Regulares, no se refieren a las Congregaciones no estrictamente regulares.

Regla 2a.—**Ob identitatem rationis, extensio legis facienda est.** Pues si la ley no se extendiese hasta donde absolutamente milita la razón, podría ser arguido el legislador de injusticia o imprudencia; de ahí aquel axioma: **Ubi eadem est ratio, ibi eadem juris dispositio.** Y esto acontece, 1°. en los correlativos v. g., entre el esposo y la esposa; 2°. en los equiparados v. g., la ley que permite a las monjas la salida del monasterio por causa de incendio, se juzga que concede lo mismo por la invasión de los enemigos; 3°. en los conexos y contenidos v. g., el que puede testar, puede hacer también condicilos.

Regla 3a.—**Favores sunt ampliandi, odia sunt restringenda.** La parte primera de esta regla se entiende así: en la duda de que la ley se haya derogado, debe estarse por su observancia hasta que conste la voluntad contraria del legislador. Según el mismo principio, los privilegios **praeter legem** deben interpretarse latamente porque no se oponen al bien público. A esto se refieren aquellas reglas auténticas de derecho de que usa la Teología Moral como de principio reflejo, v. g., **melius est conditio possidentis: in dubio favendum est reo.**

Reglas de interpretación restrictiva.—Regla 1a.—La ley positiva se restringe lícitamente si hay causa racional de presumir la intención benigna del legislador, porque en estas circunstancias no querría obligar. La razón es, porque la ley se define, **ordinatio justa:** el legislador no quiere obligar en los casos que no exceptúan verdaderamente las palabras de la ley, pero que no abraza su intención según las reglas de la equidad v. g., la sunción de la Sagrada Eucaristía no está prohibida no estando en ayunas cuando amenaza peligro de profanación.

Regla 2a.—Es lícito usar de la **epikeya:** 1°. cuando la observancia literal de la ley se opone a la ley superior v. g., no puede devolverse la espada sin cometer pecado, a un hombre furioso.—2°. cuando daña al bien común v. g., los ciudadanos pueden tomar las armas y luchar contra los enemigos que invaden la ciudad, aunque la ley general prohiba la portación de armas.—3°. cuando la ley humana es demasiado onerosa, porque nadie se obliga a ella con grave detrimento; de aquí el vulgar axioma: **lex positiva non obligat cum tanto incomodo.**

Regla 3a.—**Favores sunt ampliandi, odia sunt restringenda.** La segunda parte de esta regla se entiende así: un derecho cierto no puede sr quitado por otro dudoso; por consiguiente, en la duda de si acaso se concedió la dispensa, persevera la obligación de la ley. Igualmente, los privilegios odiosos o **contra legem,** deben interpretarse estrictamente porque parecen oponerse al bien público. A esto se refieren también ciertos principios reflejos de que usa la Teología Moral v. g., **lex dubia non obligat; nemo malus praesumitur nisi probetur; in poenis benignior interpretatio facienda est.**

Reglas de interpretación declarativa.—Regla 1a.—Sea gramatical la interpretación, esto es, que se atienda la propiedad de las palabras; la razón es, porque de las palabras entendidas según su común significación, se colige las más de las veces la voluntad del legislador; pues se debe presumir que fueron usadas por él, aquellas que podían entenderse fácilmente por todos; pues muy poco sería verdad en derecho si uno pudiera apartarse **ad libitum** de la significación propia de las palabras. Además, la ley generalmente hablando, abraza todos los significados, porque **ubi lex non distinguit, neque nos distinguere debemus.**

Regla 2a.—Sea histórica la interpretación de las leyes, esto es, que se tenga en cuenta la razón de los tiempos. Esta regla se entiende de dos modos: Primero, deben tenerse en cuenta las circunstancias de los tiempos, porque a veces algunas palabras que antiguamente significaban una cosa, ahora significan otra; pueden ponerse como ejemplos estos vocablos: diócesis, parroquia, viático y otros cuyos antiguos significados se han cambiado en otros. Segundo, si las palabras son ambiguas, la historia sirve para nterpretar la ley; a saber, debe investigarse la ocasión o motivo por el cual se decretó la ley y las circunstancias de las personas, lugares y tiempos, de lo que resultará luz alguna para descubrir la intención y el sentido de las palabras de la ley.

En el conflicto de las leyes, deben observarse las siguientes reglas: 1a.—En la concurrencia de las leyes que parecen contrarias a la ley, se ha de tender ante todo a la conciliación. En efecto, no debe admitirse fácilmente la antinomia o contrariedad en las leyes, para no acusar de contradicción al legislador. Pues como la corrección de las leyes es odiosa en derecho, éstas deben conciliarse entre sí de cualquier modo posible, a no ser que un canon corrija el otro expresamente.

Regla 2a.—En la concurrencia de la ley general con otra general, si no se espera la conciliación de ambas, **lex nova derogat priori.** Así lo establecen las Decretales: **"Romanus Pontifex qui jura omnia in scrinio pectoris sui censetur habere, constitutionem condendo posteriorem, priorem revocare noscitur".** (23)

Regla 3a.—Si concurren dos leyes contrarias, una especial y otra general, entonces que se observen ambas, esto es, la general como regla y la especial como excepción. De ahí el conocido axioma: **Generi per speciem derogatur;** la razón es, tanto porque el legislador deroga la ley general preexistente por la concesión de un derecho particular, como porque **"Romanus Pontifex, cum locorum specialium consuetudines possit ignorare, ipsis, nisi de iis expressam faciat mentionem, non intelligitur derogare".** (24) En la regla 2a., el R. Pontífice que se juzga tener conciencia de todos sus derechos, al imponer la segunda constitución, se comprende que revoca la anterior. En esta 3a., el propio

---

23 Lib. I. Tit. II. in 6°.
24 Lib. I. Tit. II. in 6°.

R. Pontífice, como puede ignorar las costumbres de los lugares particulares, se comprende que éstas no las deroga, a no ser que haga de ellas mención expresa.

El N. Código de Leyes canónicas, nos enseña la doctrina general acerca de la interpretación de las leyes en las siguientes disposiciones:

Can. 17. **Par 1°.—Leges authentice interpretatur legislator ejusve successor et is cui potestas interpretandi fuerit ab eis commissa.**

Par. 2°.—Interpretatio authentica, per modum legis exhibita, eamdem vim habet ac lex ipsa; at si verba legis in se certa declaret tantum, promulgatione non eget et valet retrorsum; si legem coartet vel extendat aut dubiam explicet, non retrotrahitur et debet promulgari.

El legislador, su sucesor y quien haya recibido de ellos la potestad de interpretar, interpreta auténticamente las leyes.—La interpretación auténtica publicada a modo de ley, tiene la misma fuerza que la misma ley; y si solamente aclara ciertas palabras de la ley, no necesita de promulgación, y vale de atrás; si coarta la ley o la amplía o explica alguna duda, no se retrotae y debe ser promulgada.

He insinuado algo de la Epykeia, y opino que es conveniente tratar de ella antes de terminar el presente Artículo. Maroto en sus Instituciones Canónicas la define: **Epykeia est benigna et aequa interpretatio non ipsius legis, sed mentis legislatoris, qui praesumitur legem latam in aliquo casu partivulari extraordinario suspendere.** La epykeia suele confundirse con la interpretación, pero difiere de ella de dos maneras:—1a. Que la interpretación investiga la mente del legislador contenida en la ley, mientras que la epykeia investiga la mente del legislador que está mas bien fuera de la ley;—2a. Que la interpretación establece una regla general aplicable a todos los casos, mientras que la epykeia se refiere a un caso particular. Un caso de epykeia sería, v. g., que alguna persona debiendo asistir a la Misa en un día de obligación, no asiste por estar al cuidado de algún enfermo que urgentemente requiere su atención y no haber otra que de momento pueda reemplazarla; en tal caso, por la epykeia se presume que la Iglesia no pretende exigir el cumplimiento de aquella obligación de la Religión, por otra urgente de cristiana caridad. ([25]).

---

25 Maroto, Instit. Juris Can. Vol. I. art. II De Epykeia, n. 241.—La doctrina que he explanado en este Artículo, está tomada en su mayor parte del P. Wernz, Huguenin, Maroto y Ayrinhac.

ARTICULO XI

DE LOS PRIVILEGIOS

Comenzaré por la definición: **Privilegium est gratia constans et permanens certis personis, vel certis dignitatibus, contra vel praeter legem communem a superiore concessa;** esta definición es con poca diferencia accidental, la misma que nos dan del Privilegio todos los Canonistas y Jurisconsultos.

El privilegio puede considerarse en sentido lato o estricto; en cualquier sentido que se considere, admite doble significación. Y en verdad, en sentido lato, denota cierta ley singular con que se conceden algunas prerrogativas a alguno, aunque por derecho ordinario y común exclusivamente antes que a otros. En cuyo sentido los mismos derechos ordinarios del R. Pontífice, de los Patriarcas, Obispos, Clérigos, Regulares, inferiores, se llaman también privilegios aunque estén apoyados en el derecho común. Mas si se considera el verdadero privilegio objetivamente y en sentido estricto, es **Lex privata specialem favorem contra vel praeter jus commune concedens;** pero si se considera subjetivamente, puede definirse: **Jus speciale permanens a Superiore contra vel praeter jus commune in gratia concessum.**

El privilegio se llama ley, porque es cierta norma objetiva según la cual alguien obtiene por concesión del superior, la facultad de obrar ordinaria y establemente contra o fuera del derecho común y se impone además a los otros la obligación de no turbar al privilegiado en el uso del favor concedido. Pero esta es ley en sentido impropio, porque concede cierto derecho especial solamente a una persona o comunidad, como **partes** que son del superior de la sociedad. Cuyo derecho no debe contener un favor cualquiera, sino directo y especial; por lo cual el privilegio no es tal, si se concede un favor contenido en el derecho común y que se llama **"secundum jus";** en pocas palabras, el privilegio puede llamarse **ley especial favorable.**

Mas la facultad subjetiva, para que pueda llamarse en verdad un privilegio, es necesario que goce de cierta perpetuidad como la ley en que se apoya; pues el privilegio es como a modo de un derecho de potencia o hábito, pero no de acción; por lo que la dispensa que se refiere a un acto transitorio o a algunos actos similares que tienen un período sucesivo o cierta facultad temporal v. g. las facultades trienales, en sentido estricto no son privilegios, sino según Reinffestuel, se llaman quasi-privilegios. Consideradas cuidadosamente estas nociones, fácilmente podrá deducirse la diferencia del privilegio, de una ley ordinaria, de la dispensa, de la gracia o del beneficio y del rescripto.

No puedo resistir al deseo de insertar aquí, la doctrina de Gottlieb Heineccio autor de las "Recitaciones del Derecho civil según el orden de la Instituta", quien al tratar de los privilegios en el Tit. II, párrafo LIX y LX dice así: "Síguese tratar de las constituciones especiales que también se llaman privilegios, como si dijéramos leyes privadas. Para los antiguos era lo mismo privado que singular y por consiguiente el privilegio es una ley singular. Sin embargo, puede darse una definición mas exacta, diciendo que los privilegios son unas constituciones por las cuales el imperante dá alguna recompensa al mérito o impone una pena extraordinaria, de modo sin embargo que no sirva de ejemplar. Por esta definición se puede responder fácilmente a las preguntas siguientes:—1a. Se llama con propiedad leyes a los privilegios? Respondo: No hay duda que son leyes porque los prescribe el sumo imperante. ([1]) Pero se objeta que no obligan, pues el privilegiado puede renunciar a su derecho y abstenerse del uso del privilegio. A esto se responde, que aunque no obliguen a los privilegiados, obligan a los demás ciudadanos para que éstos no turben a los privilegiados en el uso de su privilegio; y respecto de éstos con razón se llaman leyes. 2a. Se diferencian los privilegios de los derechos singulares?—Respondo: Estos son beneficios dados por la ley a cierto orden de personas o a uno de los sexos, así v. g., los menores gozan del beneficio de la ley de poder ser restituidos **in integrum**; las mujeres por razón de la dote, gozan de tácita hipoteca en los bienes del marido y son preferidas en el concurso a los demás acreedores, etc., etc. Estos derechos singulares son llamados muchas veces privilegio; pero no obstante, se diferencian los privilegios propiamente tales de los derechos singulares:—1°. porque éstos son dados por la ley aun a los que no los piden y aquellos deben obtenerse del príncipe:—2°. aquellos se refieren a cada una de las personas y por eso se llaman privados: estos a muchas personas del mismo orden, sexo y condición.

El mismo autor en los párrafos LXI y LXII, sigue diciendo en extracto, que de la definición dada, se infiere la división de los privilegios; los divide en favorables y odiosos; favorables son aquellos por los cuales en atención al mérito, se permite alguna cosa, v. g., el derecho de ejercer monopolios, la inmunidad de tributos, etc., etc. Odiosos son aquellos por los que se impone una pena extraordinaria, mayor que la que está determinada por la ley. Y pregunta si son lícitos los privilegios odiosos?—Y responde: 1°. Durante la República libre estaban prohibidos por la ley de las XII Tablas en las cuales se mandaba que no se dieran privilegios. 2°. No los usaron sino los tribunos revoltosos de la plebe, como P. Clodio que prohibiendo a Cicerón el agua y el fuego y consagrando su casa, le impuso un privilegio, del cual se queja en la oración **pro domo.** 3°. Los buenos príncipes pueden imponer semejante pena extraordinaria, si para ejemplo lo exige la frecuencia de los delitos, o si una malicia refinada hace precisa una corrección mas severa. 4°. De esta libertad de dar privilegios no goza

---

1 En los privilegios décimos otro sí, que ha fuerza de ley sobre aquellas cosas en que fueron dados.—L. 28. tit. 18. Part. 3 de D. Alf. el Sabio.

el magistrado, por cuanto que el privilegio es una constitución del príncipe. Dice también, que los privilegios son de persona o de causa; aquellos son los que se dan a la persona y por eso espiran con ella, v. g., el privilegio del foro; éstos son los concedidos por cierta causa y por lo mismo aprovechan también a los herederos, v. g., el privilegio concedido en los feudos para que las causas feudales se ventilen solamente ante los padres de la curia. Concluye el mismo autor relatando algunos axiomas que dice deben observarse acerca de los privilegios; son, 1°. solo el imperante concede privilegios: luego no los concede el magistrado como que él mismo está sujeto a las leyes; 2°. el derecho de conceder privilegios no reside en el magistrado: esto se infiere de lo primero; 3°. al imperante pretenece establecer los términos en que quiere conceder el beneficio; este axioma se debe observar contra aquellos que abusando de la ley, piensan que la interpretación extensiva tiene lugar en los privilegios, no obstante que la ley 3a. ff. De const. princ., no habla propiamente sino de los derechos singulares. Hasta aquí Gottlieb Heineccio.

Los privilegios, según el P. Wernz, se dividen:—1°. en privilegios concedidos **contra** y **praeter jus commune**; ([2])

2°. en **favorables** que contienen un mero favor sin incómodo de otro, y en **odiosos** que acarrean perjuicios a tercera persona;

3°. en **afirmativos** que conceden facultad para hacer o ejercer alguna cosa, y en **negativos** con los que se adquiere derecho a alguna omisión;

4°. en **graciosos, remuneratorios, onerosos o convencionales,** en cuanto que se dan por mera liberalidad o en compensación de los méritos, o por modo de contrato aun con obligación recíproca por justicia conmutativa;

5°. en **personales y reales** pues aunque todos los privilegios redundan en último caso sobre las personas, no obstante unos se confieren **proxime et immediate** a las personas, y otros se conceden **próxima e inmediatamente** a la cosa v. g., al lugar, dignidad u oficio;

6°. en privilegios concedidos **motu proprio** y en privilegios a instancia o por **preces;**

7°. en privilegios concedidos **per se** a alguno, esto es, sin consideración al privilegio dado antes a otro, y en privilegios dados **ad instar** o **accessorie** o **aeque principaliter** o **pariformiter,** esto es, según el ámbito, modo y forma del privilegio concedido ya antes a otro;

8°. en privilegios **absolutos** y en **condicionales** y **modales;** y

9°. en escritos y no escritos.

Pues si los privilegios se dividen también en privilegios incluidos al derecho común o, como dicen algunos con poca atención, al cuerpo de derecho canónico, y en privilegios dados por concesión especial por rescripto y que vagan fuera del derecho común, esta división jamás

---

2 Wernz, obra cit. De Privileg. n. 158.

coincide con la división de los privilegios en comunes y privados y singulares.

Antes de tratar de las personas que por derecho son hábiles para conceder y recibir privilegios, hablaré de los privilegios concedidos por el derecho común a los clérigos en general, a los religiosos legos y aun a las religiosas de votos simples. Los dos principales son los que los canonistas llaman privilegios del cánon y del fuero; estos privilegios, abrazan dos fines: el primero es el no poder ser maltratado o herido o matado un clérigo sin incurrir **ipso facto** en excomunión; el segundo, consiste en no poder ser juzgado por los jueces seculares; antiguamente la excomunión **ipso facto** estaba reservada al Papa; fué decretada en favor del privilegio del cánon por el Conc. II de Letrán celebrado en tiempo de Inocencio II, y tomó su nombre del cánon 15 que comienza con estas palabras: **Si quis suadente diabolo,** etc., etc. [3]

Las penas contra los que contravienen a los privilegios mencionados, han sido reformados por el N. Código de Leyes canónicas vigente hoy en la Iglesia; y son los siguientes:

Can. 2343.—Par. 1°. **Qui violentas manus in personam Romani Pontificis injecerit: 1°. Excommunicationem contrahit latae sententiae Sedi Apostolicae specialissimo modo reservatam; et est ipso facto vitandum; 2°. Est ipso jure infamis; 3°. Clericus est degradandus.**

Par. 2°. **Qui in personam S.R.E. Cardinalis vel Legati Romani Pontificis: 1° In excommunicationem incurrit latae sententiae Sedi Apostolicae speciali modo reservatam; 2°. Est ipso jure infamis; 3°. Privetur beneficiis, officiis, dignitatibus, pensionibus et quolibet munere, si quod in Ecclesia habeat.**

Par. 3°. **Qui in personam Patriarchae, Archiepiscopi, Episcopi etiam titularis tantum, incurrit in excommunicationem latae sententiae Sedi Apostolicae speciali modo reservatam.**

Par. 4°. **Qui in personam aliorum clericorum vel utriusque sexus religiosorum, subjaceat ipso facto excommunicationi Ordinario proprio reservatae, qui praeterea aliis poenis, si res ferat, pro suo prudenti arbitrio eum puniat.**

Can. 119.—**Omnes fideles debent clericis, pro diversis eorum gradibus et muneribus, reverentiam, seque sacrilegii dlicto commaculant, si quando clericis realem injuriam intulerint.**

La versión castellana es la siguiente: El que levantare manos violentas contra el R. Pontífice: 1°. Incurre en excomunión **latae sententiae** reservada de un modo especialísimo a la S. Apostólica; y es vitando **ipso facto;** 2°. Es **ipso jure** infame; 3°. Si es clérigo sea degradado;—El que contra la persona del Card. de la S. I. R. o del Legado del R. Pontífice: 1°. Incurre en excomunión **latae sententiae** reservada de un modo especial a la S. Apostólica; 2°. Es **ipso jure** infame; 3°. Sea privado de los beneficios, oficios, dignidades, pen-

---

3) **Huguenin, obra citada, De privilegiis cleric. n. 275.**

siones y de cualquiera otro cargo, si alguno tuviere en la Iglesia;—El que contra la persona del Patriarca, Arzobispo, y Obispo aunque fuese titular solamente, incurre en excomunión **latae sententiae** reservada de un modo especial a la S. Apostólica. 4°. El que contra la persona de otros clérigos o de religiosos de uno y otro sexo, queda **ipso facto** inodado en excomunión reservada al propio Ordinario, quien lo castigará además con otras penas si la falta lo ameritase, según su prudente arbitrio.—Todos los fieles deben reverencia a los clérigos según sus diversos grados y cargos, y quedan manchados con el delito de sacrilegio, si alguna vez infiriesen a los clérigos una injuria positiva.

Gozan igualmente los clérigos del privilegio del foro y de la inmunidad del servicio militar, y de cargos públicos. Veamos las disposiciones de la Iglesia consignadas en el N. Código de Leyes Canónicas:

Can. 120.—**Par. 1°. Clerici in omnibus causis sive contentiosis sive criminalibus apud judicem ecclesiasticum convenire debent, nisi aliter pro locis particularibus legitime provisum fuerit.**

Par. 2°. Patres Cardinales, Legati Sedis Apostolicae, Episcopi etiam titulares, Abbates vel Praelati nullius, supremi religionum juris pontificii Superiores, Officiales majores Romanae Curiae, ob negotia ad ipsorum munus pertinentia, apud judicem laicum convenire nequeunt sine venia Sedis Apostolicae; ceteri privilegio foro gaudentes, sine venia Ordinarii loci in quo causa peragitur; quam tamen licentiam Ordinarius praesertim cum actor est laicus, ne deneget sine justa et gravi causa, tum maxime cum controversiae inter partes componendae frustra operam dederit.

Can. 121.—**Clerici omnes a servitio militari, a muneribus et publicis civilibus officiis a statu clericali alienis immunes sunt.**

La traslación castellana es la que sigue:—Los Clérigos en todas las causas ya sean sentenciosas o criminales, deben acudir al juez eclesiástico, a no ser que otra cosa se haya dispuesto legítimamente para algunos lugares particulares.—Los Padres Cardenales, los Legados de la Sede Apostólica, los Obispos aun los titulares, los Abades y Prelados **nullius,** los supremos Superiores de las religiones de derecho pontificio, los Oficiales mayores de la Curia Romana, por asuntos de su cargo, no pueden acudir a un juez lego sin el permiso de la S. Apostólica; los demás que gozan del privilegio del foro, sin el permiso del Ordinario del lugar en que se ventila la causa; cuyo permiso, principalmente si el actor es lego, no lo niegue el Ordinario sin causa justa y grave, y con mayor razón cuando se ha intentado en vano la conciliación entre las partes de la contienda.—Todos los Clérigos están inmunes del servicio militar, de los cargos y oficios públicos civiles que sean ajenos al estado clerical.

También gozan los clérigos del privilegio de competencia, por el cual los que están gravados con deudas, deben reservar lo que sea necesario para su honesta sustentación. A estos privilegios no puede renunciar el clérigo, aunque sí puede perderlos, ya por su vuelta al estado laical o ya por la privación perpetua del derecho de llevar el hábito clerical; puede también recuperarlos si se le perdona esta pena o si es de nuevo admitido entre los Clérigos. He aquí las disposiciones del N. Código:

Can. 122.—**Clericis qui creditoribus satisfacere coguntur, salva sint quae ad honestam sustentationem, prudenti ecclesiastici judicis arbitrio, sunt necesaria, firma tamen eorumdem obligatione creditoribus quamprimum satisfaciendi.**

Can.—123.—**Memoratis privilegiis clericus renuntiare nequit; sed amittit, si ad statum laicalem reducatur aut privatione perpetua juris deferendi habitum ecclesiasticum plectatur, ad normam ca. 213, par. 1 et 2304; recuperat vero, si haec poena remittatur aut ipse rursus inter clericos admittatur.**

Los Clérigos que sean compelidos a satisfacer a sus acreedores, reserven lo que sea necesario para su honesta sustentación al arbitrio prudente del juez eclesiástico, quedando sin embargo en la firme obligación de satisfacer a sus acreedores cuanto antes.—El Clérigo no puede renunciar los antedichos privilegios; pero los pierde si vuelve al estado laical, o es castigado con la privación perpetua de llevar al hábito eclesiástico conforme al can. 213, par. 1 y 2304; pero los recupera si se le perdona esta pena o es admitido de nuevo entre los clérigos.

Se ve pues que la Iglesia ha querido en nuestros tiempos, mitigar la energía de los antiguos cánones respecto de ambos privilegios concedidos **a jure** en favor de los clérigos, en especial para los de grado inferior; no obstante, las penas están vigentes y fuerza es confesar que hoy como antes no ha dejado de velar por los fueros de la Religión y de sus ministros. Los Concilios siempre cuidaron de la moralidad de los clérigos en este particular pues vemos leyes muy antiguas con que eran conminados a presentarse a los jueces eclsiásticos, los clérigos y legos que tenían litigios con los miembros de la Iglesia. El primer Conc. de Macon condenaba a treinta y nueve azotes a los clérigos inferiores y a prisión a los superiores, si llevaban las diferencias que tuviesen con otros clérigos ante los tribunales seculares. ([4])

Tratemos ahora de averiguar quiénes son las personas hábiles para conceder y recibir los privilegios. En cuanto a la primera parte, respondo: Que el colador del privilegio eclesiástico no puede ser mas que todo y solo el legislador eclesiástico en la materia y en el gobierno de su potestad legislativa; porque como se ha dicho ya, el privilegio es **lex privata** por medio de la cual se exime alguien de observar permanentemente una ley ordinaria y común, que impone a los otros miembros de la comunidad la obligación de no turbar al privilegiado en el uso del favor concedido; ahora bien, tal exención y obligación solo puede establecerla el legislador. Mas como en el fuero eclesiástico se

---

[4] Dicc. cit. de Der. Can. en la palabra Privilegio.

trata principalmente de los privilegios que se conceden **contra y praeter jus commune,** se ve pues evidentemente, que solo el R. Pontífice y no los prelados inferiores, pueden conceder tales privilegios; porque solo él, ya en el Conc. Ecuménico o fuera de él, está constituido sobre el derecho común. De cuya potestad, el legislador competente usa válidamente aun sin justa causa para conceder el privilegio, con tal que nada lo impida bajo otro punto de vista; mas tal colación arbitraria del privilegio hecha sin causa justa, siempre es ilícita.

Los privilegios eclesiásticos que son **contra jus,** que es la segunda parte de este tratado, solo pueden concederse a los súbditos. Porque estos privilegios que conceden exenciones de la observancia de la ley, suponen la obligación de la ley en aquel a quien se ha de conceder dicho privilegio; mas la obligación de la ley solo puede imponerla el legislador a los verdaderos súbditos; luego también solo los súbditos son capaces de adquirir la exención o dispensa de la ley.

Los privilegios **praeter jus** pueden ser adquiridos aun por los no súbditos por concesión del legislador, con tal que se trate de una materia sujeta al legislador o al colador del privilegio y de la cual le competa la potestad de obligar a los propios súbditos que no impidan al privilegiado el uso del privilegio. La razón de esta aserción es, que por la concesión de un privilegio no se ejerce en los privilegiados jurisdicción alguna, sin solo un acto de mera donación y liberalidad.

Estos principios deben tenerse siempre presentes para formarse un juicio recto de ciertos favores concedidos tal vez por la potestad civil a la Iglesia y a las personas eclesiásticas, o viceversa, de no pocos servicios hechos a los gobiernos civiles por la Iglesia.

Acerca del objeto y la forma de los privilegios, diré, que el privilegio eclesiástico puede concederse genralmente en materia de que sea capaz la ley eclesiástica y que tenga las condiciones generales requeridas a la ley. Porque según la definición del privilegio, la materia debe contener cierto favor especial; cuyo favor no debe consistir ciertamente en algún hecho transitorio, sino en cierta facultad permanente, pues el privilegio participa de la razón de la ley. Finalmente, como el privilegio tiene dos aspectos, uno en cuanto al privilegiado a quien se concede un favor, y otro en cuanto a los demás miembros de la comunidad, que quedan sujetos a la obligación y carga de que el privilegiado pueda usar del derecho que le fué concedido, pacíficamente y sin injuria de los otros, debe concederse de modo que con él no se imponga un gravamen oneroso para los demás.

De aquí es que el R. Pontífice puede conceder privilegios en todo el Orbe cristiano tanto **contra** como **praeter jus commune** en toda materia espiritual sujeta directa e indistintamente a su potestad legislativa. Cuya potestad, de ningún modo se extiende hasta a conceder privilegios contra el derecho natural y divino, buenas costumbres, conservación y recto gobierno de la Iglesia y el nervio de la disciplina eclesiástica v. g., por la depresión de su potestad y dignidad y de toda la jerarquía, o contra el derecho de tercero, a no ser que el bien que resulte del privilegio sea mucho mayor que el daño inferido a aquel tercero.

También los Obispos y Prelados inferiores al R. Pontífice, pueden conceder privilegios contra sus leyes y contra las de sus predecesores, pero de ningún modo **contra jus commune,** ni en aquellos casos en verdad en que por concesión expresa del R. Pontífice o del derecho común pueden **dispensar** solamente del derecho común. ([5])

Como se adquieren los privilegios eclesiásticos?—Se adquieren: 1°.—Por concesión del Superior competente eclesiástico hecha primaria y directamente a alguno **motu proprio** o por medio de preces o por escrito o por oráculo de viva voz; pero si la concesión se hace de este último modo, deberá cuidarse que conste en forma auténtica. 2°. Por comunicación, que es cuando el privilegio concedido a uno, se extiende a otro también por disposición del superior eclesiástico. Cuya comunicación a manera de otro privilegio, puede ser absoluta (o igual, pariforme, o igualmente principal) y relativa o accesoria. En el primer caso, si es absoluta, el privilegio concedido a uno, se comunica tan perfecta e independientemente con el otro a modo de una primera concesión, que aumentado, disminuido o quitado el privilegio al primer privilegiado, **per se** no aumenta ni disminuye o se quita en aquel a quien se extendió **ad instar aeque principaliter** v. g., así se comunican no raras veces los privilegios entre las órdenes religiosas. Pero si la comunicación fué hecha **ad instar** en forma accesoria, de tal modo se adhiere el privilegio al principal privilegiado, que si en él aumenta, disminuye o se extingue, también en los privilegiados **ad instar in forma accessoria,** se aumenta, disminuye o se extingue, v. g., en los familiares de los monasterios. 3°.—Por costumbre o prescripción; ciertamente, el privilegio considerado en sentido muy estricto, significa una gracia permanente dada especial y expresamente por el príncipe y por esa razón consiguientemente en rigor de derecho, no se enumeran los odiosos v. g., la costumbre o prescripción legítima en la revocación, entre las formas o modos de adquirir los privilegios; sin embargo, como pueden obtenerse derechos con la costumbre o prescripción **contra** o **praeter jus commune,** los cuales tienen fuerza de privilegios, no sin razón los antiguos canonistas sostienen que aun por la costumbre y prescripción pueden obtenerse privilegios, ya que la costumbre puede tener según las leyes, fuerza de privilegio. 4°.—Por la confirmación en forma específica; porque tal confirmación se equipara a una nueva concesión. Por lo cual, si se refiere al privilegio concedido antes inválidamente o extinguido interinamente, la concesión inválida es saneada y se restituye el privilegio extinguido, a no ser que se haga una extensión o restricción en las cláusulas añadidas a la confirmación. Esta fuerza no conviene a la confirmación del privilegio en forma común y mucho menos

5) Wernz, Jus Decretal. De Privilegiis, n. 160.

a la simple innovación auténtica de los instrumentos en que fueron consignados por escrito tales privilegios.

Para los privilegios propiamente dichos, no se requiere la promulgación solemne; esto se deduce de la misma práctica eclesiástica según la cual no acostumbran promulgarse solemnemente tales privilegios. Para que su noticia llegue al conocimiento de los demás, no es necesario que se haga a la comunidad una propia promulgación, sino que basta cierta intimación por los instrumentos auténticos u otra prueba equivalente dada por el privilegiado.

La aceptación del privilegio por el privilegiado **per se** y por la naturaleza de la cosa, no es necesaria para que el privilegio tenga fuerza y valor antes de la noticia y consentimiento del privilegiado. Porque así como el R. Pontífice al decretar una ley no depende del consentimiento de los súbditos, así también sin la aceptación previa, puede librar a algún súbdito de la carga impuesta al mismo por la ley canónica, v. g., al clérigo de una irregularidad contraida. De hecho, se han concedido algunos favores por los R. Pontífices de tal modo, que no dependieron en su valor del consentimiento o disentimiento del privilegiado; pues la ley positiva del R. Pontífice con que impone absolutamente a otros una carga que redunda en beneficio del privilegiado, independientemente del consentimiento o aceptación del mismo, es absolutamente válida.

Respecto del efecto del privilegio, solo tengo que decir que consiste en la facultad, pero no en la necesidad de usar de él regularmente. El uso del privilegio importa estas dos cosas:—1a. Por él se deroga el derecho común cuando es contrario al mismo; pero si el privilegio es contrario a un derecho especial, para que tenga fuerza debe añadirse la cláusula derogatoria de este derecho;—2a. Que el que en el uso del privilegio es turbado o impedido, puede implorar la defensa del juez para asegurar su derecho.

El privilegiado no está obligado a usar el privilegio privado, porque puede renunciar su derecho; pero sí estará obligado a usar de él, cuantas veces el privilegio es público por su fin v. g., si cede en el bien común; o si es real, adicto al lugar o a la dignidad; así el clérigo está obligado a usar de los privilegios del fuero y del canon y no puede renunciar a ellos. Notemos aquí, que los que hayan sido agraciados por un privilegio, deben exhibir a los Ordinarios de los lugares dichos privilegios, o al menos sus copias certificadas, 1°. cuantas veces se pone la cláusula mandando dar conocimiento al Ordinario o anteponer su reconocimiento a la publicación;—2°. cuantas veces son de uso público y versan acerca de cosas o personas sujetas al Ordinario v. g., la absolución de los diocesanos, la exención del derecho común, o de la autoridad del mismo Ordinario.

En cuanto a la interpretación doctrinal de los privilegios, se hace según las reglas siguientes:—1a. Tal interpretación debe hacerse de modo que considerada la materia, el privilegio importe algún favor especial **contra** o **praeter legem.**—2a. Se ha de sujetar a la propiedad de las palabras según la aceptación común y el sentido usado en la Curia.—3a. Los privilegios meramente favorables y concedidos en favor de la Religión, deben interpretarse latamente; pero sí estrictamente los privilegios odiosos o adversos al derecho común o al derecho adquirido de un tercero.

Trataré en último lugar de los modos como se pierden los privilegios; esto puede acontecer:—1°. **Ipso facto,** a saber, por la destrucción de la cosa o de la persona a la cual está adicto el privilegio real o personal; o por el lapso del tiempo para el cual se dá; o por defecto de la condición bajo de la cual se concede.—2°. Por la renuncia expresa o tácita cuando las leyes lo establecen así. Si el privilegio contiene un favor privado a la persona, para la libre renuncia solo se requiere el consentimiento del concedente, porque cualquiera puede renunciar su derecho. Mas si el privilegio contiene un favor público, el privilegiado no puede renunciarlo según antes se dijo. Por el simple no uso, generalmente no se pierden los privilegios. Y en verdad, no deben perderse por su no uso, cuando por ellos se da una mera facultad de hacer o de omitir alguna cosa: v. g., el privilegio de celebrar el Santo Sacrificio antes de la aurora. No obstante, por el no uso o el uso contrario, pueden perderse aquellos privilegios que ocasionan perjuicio de tercero; porque si alguno no usa en el tiempo legítimo de tal privilegio, se juzga tácitamente que lo somete a prescripción.—3°. Por la revocación del que lo concede o de su sucesor, pero intimada al privilegiado. La revocación general se hace por medio de una cláusula general: **non obstantibus quibuscumque privilegiis;** mas los privilegios resguardados por cláusulas especiales no pueden revocarse sino con mención expresa y especial. Los privilegios meramente **graciosos** no se acostumbra revocarlos sin causa, porque parece que eso sería ajeno e impropio de la dignidad del Superior. Los otros privilegios, especialmente los que están basados en algún convenio, no pueden revocarse a libertad de una sola de las partes. Las justas causas para la revocación serían el abuso del privilegio y la necesidad pública.

Los autores consultados para la formación de este Artículo, tratan con bastante extensión la materia de los Privilegios, tanto respecto de los que concede el derecho común, como de los concedidos por derecho especial; pero juzgo que con lo ya escrito, se ha abarcado suficientemente lo más necesario de este tratado. Pero antes de terminarlo, creo conveniente insertar aquí, los siguientes Canones del N. Código de Leyes eclesiásticas que corroboran todo lo que aquí se ha escrito acerca de los privilegios. Véanse los Cánones 50 y 68.

Can. 74.—**Privilegium personale personam sequitur et cum ipsa exstinguitur.**

Can. 75.—**Privilegia realia cessant per absolutum rei vel loci interitum; privilegia vero localia, si locus intra quinquaginta annos restituatur, reviviscunt.**

Can. 76.—**Per non usum vel per usum contrarium privilegia aliis haud onerosa non cessant; quae vero in aliorum gravamen cedunt, amittuntur, si accedat legitima praescriptio vel tacita renuntiatio.**

Can. 77.—**Cessat quoque privilegium, si temporis progressu rerum adjuncta sic, judicio Superioris, immutentur ut noxium evaserit, aut ejus usus illicitus fiat; item elapso tempore vel expleto numero casuum pro quibus privilegium fuit concessum, firmo praescripto can. 207, par. 2.**

Can. 78.—**Qui abutitur potestate sibi ex privilegio permissa, privilegio ipso privari meretur; et Ordinarius Sanctam Sedem monere ne omittat si quis privilegio ab eadem concesso graviter abutatur.**

El privilegio personal sigue a la persona y se extingue con ella. Los privilegios reales cesan por la absoluta destrucción de la cosa o del lugar, mas los privilegios locales reviven si se restaura el lugar dentro de los cincuenta años.—Los privilegios que no son onerosos para otros, no cesan por el no uso o por el uso contrario; mas los que ceden en gravámen de otros, se pierden, si sobreviene una prescripción legítima o una renuncia tácita.—Cesa también el privilegio si las circunstancias se mudan con el transcurso del tiempo, de tal manera que a juicio del Superior se hiciese dañoso o su uso fuera ilícito; igualmente si hubiese transcurrido el término o cumplido el número de los casos por los que fué concedido el privilegio.—El que abusa de la potestad que se le ha concedido por el privilegio, merece ser privado del mismo; y el Ordinario no omita avisar a la Santa Sede, si alguno abusa gravemente del privilegio concedido por la misma.

ARTICULO XII

DE LOS VARIOS MODOS DE EJERCER LA POTESTAD LEGISLATIVA EN LA IGLESIA, O SEA DE LAS ESPECIES DE LEYES CON QUE GOBIERNA A SUS SUBDITOS

Trataré en el presente Artículo de los varios modos que conducen al ejercicio del Poder legislativo en la Iglesia, tanto por parte del Legislador, como por parte del súbdito o sujeto pasivo, ya por razón de las personas, o por razón del lugar. Por cuyo motivo, me ocuparé primeramente del ejercicio activo de la autoridad Pontificia y después del derecho canónico nacional.

Hay un tercer modo de ejercicio en la Iglesia, pero de éste he tratado ya largamente en el Artículo anterior, tanto por considerarlo de importancia, como porque en esta forma parecióme más fácil tratar extensamente de los Privilegios.

Hecha la salvedad anterior, paso a tratar del primer modo. El ejercicio de la autoridad pontificia, se desarrolla por el mismo soberano Pontífice, o por ls Congregaciones Romanas. En cuanto al primero, se distinguen las Constituciones pontificias y los Rescriptos.

De las Constituciones pontificias o Apostólicas, como de una fuente fecundísima ha nacido la mayor parte del Derecho Canónico. Se entiende con el nombre de Constituciones las leyes decretadas por los R. Pontífices como Jefes y Gobernantes de la Iglesia universal. Veamos sus nombres. En otros tiempos las Letras o Cartas Apostólicas se denominaban **auctoritates,** con cuyo nombre se daba a comprender mejor su autoridad. Pero con el transcurso de los siglos desapareció este nombre, el cual es hoy muy vario según las varias especies de Letras pontificias.

Las Constituciones disciplinares fueron designadas con varios nombres por razón de la materia. Se llaman **Constituciones** propiamente dichas, si establecen algo que debe observarse permanentemente; **decretos** si han sido publicados **motu proprio** del Pontfice sin mediación de postulación alguna; **cartas decretales** si se han emitido por razón de consulta o petición; **encíclicas** si se dirigen a todos los Obispos del Orbe cristiano o al menos de una parte notable de la Iglesia. Cuyos nombres se usan muchas veces unos por otros como sinónimos.

La diferencia que hay entre las Bulas y los Breves, se toma de la diversidad de la forma en que se expiden.—1a. Diversidad de sello: Las Bulas **(litterae bullatae)** toman su nombre del sello de plomo sostenido con hilos de seda, cuyo uso limitó S. S. León XIII a las actas mas solemnes de la Santa Sede. Mas los Breves tienen un sello de lacre **(cerae rubrae)** en el que se haya impresa la imagen de San Pedro en actitud de pescar; de ahí viene que se expidan bajo el sello del pescador **(sub annulo piscatoris).**—2a. Diversidad de pergaminos: para las

Bulas se usan mas gruesos y de color bajo oscuro; y para los Breves blancos y delgados.—3a. Diversidad de Títulos: las Bulas comienzan con estas palabras: **Pius Servus servorum Dei,** no en forma de título, sino desde el comienzo de la frase; en los Breves se escribe el título: **Pius Papa XI.**—4a. Diversidad de despacho: las Bulas se expiden en la Cancillería Apostólica y los Breves por el Card. Secretario de Estado. 5a. Diversidad de fin: los Breves acostumbran darse para los asuntos mas leves, y las Bulas para los mas graves. El Papa León XIII prohibió que siguiera usándose el carácter Longobardo que se usaba antes en la expedición de las Bulas.

Trataré ahora de la definición, forma y efectos de los Rescriptos: Su definición es: El Rescripto en cuanto al nombre es, **responsum scriptum;** mas en cuanto a la cosa, el rescripto propiamente tomado, se define: **Responsum Principis scripto datum ad consulentis vel supplicantis instantiam.** Explicaré esta definición; se dice **Responsum principis,** esto es, del S. Pontífice, porque solo se conceden rescriptos en los asuntos eclesiásticos, si hemos de atenernos a la propiedad de las palabras; se dice **scripto datum,** para hacer notar la diferencia que media entre los rescriptos y los oráculos de viva voz; se dice **ad instantiam** del que consulta o suplica, para distinguir la división principal que hay entre los rescriptos de **justitiae** y los de **gratiae.** Los rescriptos de justicia se dan para administrar justicia; los de gracia proceden de la liberalidad del príncipe.

La forma consiste en las tres partes del Rescripto que son: Narración, Súplica y Conclusión. La narración del suplicante es repetida por el rescribente; se examinan las causas o motivos de la súplica; la Conclusión o parte dispositiva, es la parte principal del Rescripto, por la que el Pontífice manifiesta su intención declarando lo que concede, de qué manera y bajo qué condiciones.

El efecto de los Rescriptos depende de la voluntad del rescribente según las siguientes reglas:—1a. Debe atenderse la conclusión en la cual únicamente da a conocer el Pontífice su intención.—2a. En los rescriptos se considera que siempre se tiene presente esta condición: **si preces veritate nitantur.**—3a. El rescripto es inválido por la obrepción o subrepción si la expresión de la falsedad o la supresión de la verdad determina la voluntad del Pontífice.—4a. Generalmente los rescriptos solo constituyen un derecho especial en aquellas causas y personas para las que se ha decretado.—5a. Alguna vez los rescriptos constituyen un derecho universal, a saber, cuando el Pontífice al responder a una consulta, interpreta el derecho común. Tales decisiones emanadas de aquella consulta, suelen publicarse para que sirvan en la decisión o resolución de casos semejantes. Por lo cual dijo Inocencio III: **"In similibus causis caeteri tenentur similiter judicare."** Debe advertirse que los libros de las Decretales y Extravagantes, fueron publicados para que cada uno de los decretos contenidos en ellos, tengan fuerza de ley en iguales circunstancias.

Habiendo visto ya cómo se desarrolla el ejercicio de la autoridad pontificia por la acción del propio soberano Pontífice, veamos qué parte corresponde en esta materia a las Congregaciones Romanas. Para este fin, trataré brevemente de la índole de las mismas Congregaciones y de la autoridad de sus múltiples decisiones.

Primer punto:—Indole de las Congregaciones Romanas.—La forma de la Curia romana ha sido muy variada. Se distinguen tres edades: la de los Concilios romanos, la del Consistorio y la de las Congregaciones.

I.—Los Concilios romanos.—Antes del siglo XI, acostumbraban los Pontífices juzgar las causas eclesiásticas en los Concilios romanos a los que asistían los Obispos suburbicarios y otros, con los presbíteros y diáconos de la Iglesia romana.—II.—Edad del Consistorio.—Acrecentándose ya el número de los fieles y de los asuntos que afluían a la Santa Sede, los Obispos más cercanos fueron nombrados miembros del Sacro Colegio que teniendo la apariencia de Concilio, se convirtió en consejo ordinario del Pontífice. En el Consistorio de Cardenales se juzgaban muchos asuntos.—III.—Edad de las Congregaciones.—Desde el siglo XVI por la multitud de causas cada día más abundantes que se llevaban a la Curia romana, los Pontífices para no verse oprimidos con la carga de la administración, para la que no era suficiente el Consistorio, establecieron varias Congregaciones de Cardenales, asignando a cada una de ellas diversas causas.

Antes de tratar de la autoridad de las Congregaciones romanas, anotaré aquí la nueva organización de la Sagrada Curia Romana decretada por S. S. Pio X en la Const. **"Sapienti consilio"** del 29 de Junio de 1908.—Según dicha Constitución, la Curia Romana consta de Sagradas Congregaciones, Tribunales y Oficios.

1°.—Sagradas Congregaciones: Del Santo Oficio; Consistorial; De Sacramentos; Del Concilio; De Religiosos; De Propaganda fide; De Ritos; Ceremonial; De Negocios eclesiásticos; De Estudios; De la Iglesia Oriental.

2°.—Tribunales: La Sagrada Penitenciaría; De la Rota y la Signatura Apostólica.

3°.—Oficios: Cancillería Apostólica; Dataría Apostólica; Cámara Apostólica; Secretaría de Estado dividida en tres partes que son, Secretaría de Negocios extraordinarios eclesiásticos, Secretaría de Negocios ordinarios y la Cancillería de Breves.—Se añade la Secretaría de Breves y Epístolas latinas para los Príncipes.—Hay también la Comisión de Interpretación del Código compuesta de Cardenales, erigida por el **Motu proprio** de S. S. Benedicto XV del 15 de Septiembre de 1917. ([1])

---

[1] Agustine P. Chas. The Roman Court. A commentary on the N. Code, cap. IV., edited 1923.

Definición de las Congregaciones romanas; el P. Huguenin dice que son: **Distinctae et stabiles Cardinalium coetus a Pontificibus instituti, ad certa negotia curanda, discutienda et judicanda sua auctoritate.** Efectivamente, la autoridad del Pontífice, puesto que él solo no puede atender todos los asuntos de la Iglesia, la comunica como multiplicada a cada una de las Congregaciones, pues sus miembros son jueces ordinarios que conforme a los límites de su determinada comisión, ejercen la potestad apostólica a manera de tribunal supremo, salvo las prerrogativas personales de los Pontífices v. g., la de la infalibilidad. Porque así como el Vicario General constituye un solo tribunal con el Obispo, así también las Congregaciones obran siempre en nombre del Pontífice. Por eso dijo Benedicto XIV: **"Earum voces suas Sedes Apostolica declarat sententias".**

Estudiemos cuál sea la autoridad de las múltiples decisiones de las Sagradas Congregaciones Romanas: Su objeto es, aplicar e interpretar la ley. Por lo tanto, aunque las Sagradas Congregaciones hayan sido instituidas principalmente para aplicar las leyes, ha acaecido no obstante muchas veces, que sus decretos tengan fuerza de ley. Esto acontece en los siguientes casos:—1°. Si sus decisiones se promulgan por mandato del Romano Pontífice como decretos generales.—2°. Si las declaraciones interpretan la ley sin prolongar el sentido propio de la misma; pues así como obliga a la sociedad el derecho común, así también obliga su interpretación hecha en nombre del Soberano Pontífice. 3°. La uniformidad de las decisiones en casos similares, introduce la práctica o la jurisprudencia de la Curia Romana que por sí no hace derecho, sino presunción de derecho.

Acerca de la fuerza y vigor de los Decretos de las Congregaciones romanas, dice lo siguiente Benedicto XIV: **"Opus est adnotare aliqua interdum a sacris Urbis Congregationibus edi responsae, quae, licet juri communi sint conformia, non tamen labefactant contraria synodorum statuta, quae alicubi justis de causis vigeant, neque ab istis in posterum servandis quempiam excusant".** Es necesario advertir, que algunas veces las respuestas emitidas por las Sagradas Congregaciones romanas, aunque estén conformes con el derecho común, sin embargo, no destruyen los estatutos contrarios de los sínodos que están vigentes en alguna parte por justos motivos, ni por éstos debe excusarse alguien de observarlos en adelante; v. g., la prohibición de celebrar la Misa en los Oratorios públicos antes de la Misa parroquial, está vigente, aunque la S. Congregación del Concilio haya decretado que en rigor de derecho el párroco no puede impedirlo. ([2])

El P. Wernz tratando de la fuerza y eficacia de los decretos de las Congregaciones, sostiene que deben distinguirse los decretos que se refieren a la doctrina, de los decretos disciplinares. ([3])

2 De Synodo dioec. libr. XII, cap. VII, n. 7.

3 Jus Decret. tit. De Constit. R. Pontif. par. 2.—De decret. S. S .Congreg. nos. 143, 144 y 145.

Dejando a los Teólogos la investigación del valor de los decretos doctrinales, los canonistas no salen de su terreno si se proponen investigar ante todo, el valor jurídico de los Decretos disciplinares de las Sagradas Congregaciones. En cuya materia, casi toda la inquisición se reduce a los decretos de pocas Congregaciones y especialmente a las resoluciones de la S. C. del Concilio y de la de Ritos. Las sentencias de las S. S. Congregaciones se designan con los nombres de declaraciones, resoluciones o decisiones, respuestas o decretos; cuyos vocablos, aunque no raras veces se usan promiscuamente, sin embargo, en sentido estricto, las declaraciones son interpretaciones de un derecho ya constituido; mas las resoluciones o decisiones se llaman más bien respuestas o sentencias judiciales en causas particulares; finalmente, los decretos en sentido estricto, parecen ser ciertamente nuevas leyes.

Las divisiones se insinúan en gran parte con estos nombres; pues los decretos de las S. S. Congregaciones pueden distinguirse: 1°. por razón de la triple o cuádruple potestad, a saber, legislativa, interpretativa, judicial, ejecutiva o administrativa de que están dotadas ya por derecho ordinario, o por concesión especial del R. Pontífice, en decretos(nuevas leyes), interpretaciones o declaraciones, privilegios o dispensas, o con otras palabras, ordenaciones ejecutivas o administrativas: 2°. por razón del ámbito, en decretos formalmente generales y universales y en formalmente particulares, en cuanto que por la misma materia, promulgación, forma v. g., **Urbi et Orbi** se refieren evidentemente a toda la Iglesia, o solamente a asuntos o personas particulares. 3°. por razón de la autenticidad, en genuinos y espúreos; se enumeran entre aquellos todos los decretos de cuya conformidad con el texto original en forma legítima consta, v. g. por la firma del Perfecto y del Secretario de la S. Congregación, amparadas con el sello o por la relación de los escritores fidedignos; todos los demás se consideran como espúreos o sospechosos y por lo tanto no sólo no hacen derecho, sino que fueron proscritos por mandato de S. S. Gregorio XV. Hoy solo deberán tenerse por auténticos los que se publiquen en el Comentario oficial, según lo ordena la Const. "**Promulgandi**" de S. S. Pio X. ([4])—4°. finalmente, por cierta razón especial, las declaraciones de las S. S. Congregaciones, suelen dividirlas muchos escritores en **extensivas** que establecen algo nuevo más allá de lo que se contiene en la ley, atendido el sentido propio y común de las palabras de la ley, y en **comprensivas**, que tampoco se apartan del sentido propio, pero a él se limitan exclusivamente.

En estas declaraciones o decretos interpretativos, deben recordarse especialmente las declaraciones que son formalmente particulares y equivalentemente parecen ser universales; pues el sentido parece ser algo dudoso y oscuro; pero estas dudas no se crea que provengan de la ignorancia subjetiva de la ley en sí clara objetivamente, sino se funda

---

[4] Acta Aposticae Sedis, año 1909, vol. I. pag. 5.

en la misma oscuridad objetiva de las palabras, de tal manera, que los mismos doctos escritores en gran número, nos salen con diversas interpretaciones. Cuya distinción parece que debe ser atendida principalmente en cuanto a la necesidad de la promulgación; porque la ley clara no debe promulgarse de nuevo a toda la Iglesia por la ignorancia o duda de personas particulares; mas de distinta manera se ha de decir de la promulgación de la declaración de una ley verdadera y objetivamente oscura y dudosa.

El segundo modo por el cual se desarrolla el ejercicio del poder legislativo en la Iglesia, es el Derecho canónico nacional.—Trataré primero del derecho nacional en general, para después estudiar su dependencia de la S. Sede; y en último lugar, daré una idea del galicanismo condenado como erróneo por la Iglesia.

El derecho nacional o particular, es **complexio legum nonnullis Ecclesiis propriarum.** Ahora bien, el derecho propio de las iglesias de una nación, puede considerarse de dos modos: o en cuanto que comprende las leyes particulares establecidas fuera del derecho común, o en cuanto que es la derogación del derecho común. Nadie niega que puedan estar vigentes las leyes eclesiásticas propias de una nación en el sentido más propio, supuesto que además de la potestad suprema, fuente de las leyes generales, hay en la Iglesia legisladores diocesanos y provinciales. Pero con el nombre de derecho nacional, suele entenderse conforme la segunda significación, cierta derogación del derecho común en las Iglesias de alguna nación; por lo cual se define: **Jus alicui genti proprium et juri communi derogans.**

Veamos la dependencia del Derecho nacional a la S. Sede.—Sentemos el siguiente principio: **Omne jus canonicum nationale, ut sit legitimum, auctoritate R. Pontificis innititur.** Pues este derecho, siendo la derogación del derecho común, no puede afirmarse sin la autoridad de la S. Sede; de otra suerte o se establecería por la potestad civil, o por otra potestad eclesiástica o por la costumbre; ahora bien, nada de esto puede decirse; porque la primera hipótesis es rechazable, puesto que no corresponde a la potestad civil decretar leyes eclesiásticas o eximir de ellas; la otra se contradice, porque ninguna potestad espiritual fuera de la S. Apostólica puede establecer una legítima derogación del derecho común; la tercera hipótesis nada prueba; una costumbre puede introducirse contra el derecho común en alguna región, de manera que obtenga fuerza de ley y establecerse como un derecho particular; pero esta costumbre si se erige en derecho, es porque se añade el consentimiento del legislador; luego el derecho nacional derogatorio, aun cuando tome su origen de la costumbre, se apoya en la autoridad del R. Pontífice. Este derecho nacional, puede nulificarlo el R. Pontífice, puesto que el que concede un privilegio puede revocarlo cuando lo juzgue conveniente; pues si persevera en alguna región, no deja de depender del Superior supremo que lo autorizó y quien puede también nulificarlo.

Veamos qué es el Galicanismo y cómo fueron condenados sus errores. Bajo el nombre de Galicanismo, se entendían (además de los errores acerca del dogma) ciertas derogaciones del derecho común introducidas sin consulta y a despecho del R. Pontífice y divulgados como **libertades galicanas.** La naturaleza de este sistema y su falsedad, se conocerá por lo que vo ya expresar.

Su origen:—No falta quienes queriendo cohonestar el nacimiento del galicanismo con un nombre preclaro, lo atribuyeron con gran injuria a S. Luis IX. No obstante, su verdadero orígen debe remontarse de aquella edad tristísima del Cisma occidental, desde cuya época por muchas causas urgentes, v. g., por la índole constante de males pasiones, por el contagio del protestantismo, por los fraudes de los Jansenistas y por la soberbia del poder público, fué tomando poco a poco mayor incremento; finalmente, fueron publicadas en solemnes fórmulas, cuando dirigiendo a Luis XIV con ánimo hostil contra Inocencio XI, fué promulgada la famosa declaración de las cuatro proposiciones, por algunos Obispos congregados por orden del mismo rey, el año de 1682. He aquí dichos cuatro artículos.

1°.—Que los R. R. Pontífices no tienen ninguna potestad ni directa ni indirectamente sobre los reyes y negocios civiles; 2°.—Que la autoridad del Conc. general es superior a la del R. Pontífice; 3°.—Que la potestad de la S. Apostólica está limitada por los cánones ya publicados y por las costumbres y reglas recibidas por el reino y por la Iglesia galicana. 4°.—Que la sentencia del R. Pontífice no debe tenerse como infalible, si no media el consentimiento de la Iglesia. Las funestas consecuencias que se derivaron de estas cuatro proposiciones, no tardaron en presentarse en la Iglesia de Dios, pues de ellas nacieron las tres siguientes:

1a.—**Appellatio ab abusu,** esto es, aquella miserable costumbre de subyugar a la Iglesia ante los magistrados civiles, apelando a ellos de las sentencias del juez eclesiástico.

2a.—**Placitum regium,** del que ya traté al final del Art. 5°. de la presente Disertación y que es la pésima costumbre de no permitir la publicación de las Constituciones Apostólicas y cartas pastorales de los Obispos, sin la venia del gobierno civil.

3a.—**Regius patronatus,** y la guarda de los cánones, con cuyo pretexto el gobierno civil se atribuye la facultad de inmiscuirse en cualesquiera negocios de la Iglesia.

Estas son las libertades que el ilustre Fenelon llamó **servitutem erga regem et adversus R. Pontificem licentiam** y que los R. Pontífices han condenado terminantemente:—Inocencio XI por sus Letras en forma de Breve del 11 de Abril de 1682.—Alejandro VII en su Const. **Inter multiplices** del 1°. de Agosto de 1690.—Pio VI en su Cons.. **Auctorem fidei** de 28 de Agosto de 1794.—Y al fin la rechazaron sus mismos autores los Obispos y el mismo Luis XIV por medio de cartas remitidas por separado a Inocencio XII el año de 1693.

El galicanismo reprobado muchas veces por la S. Sede, al fin fué solemnemente condenado por el Conc. Vaticano que definió: **"Romanum Pontificem habere plenam et supremam potestatem jurisdictionis in universam Ecclesiam et hanc ejus potestatem esse ordinariam et immediatam sive in omnes ac singulas ecclesias, sive in omnes et singulos pastores et fideles".** Que el R. Pontífice tiene plena y suprema potestad de jurisdicción sobre toda la Iglesia y que ésta su potestad es ordinaria e inmediata ya sobre todas y cada una de las Iglesias, ya sobre todos y cada uno de los pastores y fieles. De donde se deduce, que la autoridad de la S. Apostólica no puede coartarse ni por cánones ya de antemano publicados, ni por costumbres introducidas. Añádase que la cuarta proposición de la desdichada declaración, fué formalmente condenada por el mismo Concilio que definió: que el R. Pontífice cuando habla **ex cathedra,** está dotado del don de la infalibilidad, y por tanto, **"ejus definitiones ex sese, non autem ex consensu Ecclesiae irreformabiles sunt".** ([5])

Antes de terminar este Artículo, no puedo menos de hacer una triste y dolorosa recordación con relación a las pérfidas doctrinas del galicanismo por causa del inmenso daño que hicieron en varias regiones en la época de la dominación española y especialmente en el Estado de Yucatán. Pues a principios del siglo XIX se estableció en la Universidad Pontificia de Mérida, la cátedra de Derecho Canónico sirviendo de texto un autor netamente galicano llamado **"Cavallarium"** que más tarde fué incluido en el Indice de libros prohibidos; con semejante autor, los sentimientos cristianos de aquel siglo fueron insensiblemente perdiéndose y envenenándose entre la juventud estudiosa con las perversas ideas que dicho libro infundía contra la libertad de la Iglesia, a tal grado, que se supone con razón, que los primeros síntomas de la doctrina liberal nacieron de aquella cátedra.

Tal vez no deba culparse a nadie; pues la dificultad de comunicaciones con los centros ilustrados del mundo, era en aquella época una rémora para el adelanto intelectual de los pueblos del Nuevo Mundo.

Cuando los años avanzaron, se reconoció el error; pero ya era tarde; la mala semilla estaba ya en el surco y comenzaba a germinar de una manera alarmante. Los que vivimos en el siglo XX lamentamos sincera y profundamente aquel error de nuestros antepasados.

---

[5] Wernz, De Const. Rom. Pont. Tit. V, n. 136 y sig.—Huguenin, De jure, can. nationale, Cap. III, n. 145 y sig.—Maroto, De jure pontif. Cap. IV, pag. 382.

ARTICULO XIII

DE LAS DIVERSAS COLECCIONES DE LOS CANONES

Así como el Teólogo extrae de los Lugares teológicos sus argumentos, igualmente el Canonista los extrae de las Colecciones de los Cánones que son la fecunda fuente del Derecho Canónico. Al principio la disciplina eclesiástica no estaba escrita en forma de leyes, sino que se regía por medio de las Tradiciones establecidas por los Apóstoles y sus sucesores, las que después, para que no estuviesen vagando, se daban por escrito en sentencias breves o cánones.

Los Cánones de los Concilios y los Decretos de los Sumos Pontífices, constituidos en diversos tiempos y lugares, comenzaron a reunirse en un solo Código y de ahí nacieron las Colecciones; de estas hay que advertir en general: Que en las causas de fe, ninguna diferencia puede existir entre las iglesias, pues existiendo la comunión eclesiástica entre ellas, su disciplina no puede variar. De ahí que algunas iglesias tuvieran sus colecciones de cánones, en las que además de los cánones generales, se insertaron los que cada iglesia constituía como propios, de la manera que en el Breviario Romano, a más de los Oficios comunes, se encuentran los propios de algunas diócesis y provincias.

La sola colección de los cánones en un Código, no les infunde autoridad alguna. Por consiguiente, los cánones coleccionados por autores privados no obtienen más autoridad que la que recibieron de las fuentes de donde fueron tomados. Y así es que, para que los cánones tengan algún vigor por razón de la colección, conviene que la misma colección esté formada por autoridad pública o al menos aprobada, al igual que los símbolos de fe. De donde las Colecciones de Graciano y Gardellini ningún vigor infundieron a cada uno de los documentos que en ellas se contienen, mientras que las colecciones de las Decretales como tales, alcanzan fuerza de ley por voluntad de los R. R. Pontífices. De ahí resulta que nada cierto pueda sacarse de algunas colecciones por el defecto de autenticidad o de integridad.

Las Colecciones son del Derecho antiguo, del Derecho nuevo y del Derecho novísimo; las del Derecho antiguo son los Cánones y las Constituciones de los Apóstoles, las Colecciones Griegas, las Colecciones Latinas y las falsas Decretales. Daré una idea breve de cada una de ellas.

Respecto de los Cánones de los Apóstoles es dudosa su autenticidad, porque no consta que fueran escritos por los Apóstoles. Hay varios argumentos:—1°. los que ilustraron con sus escritos los asuntos eclesiásticos durante los tres primeros siglos, no hacen mención de ellos. Es de gran importancia el silencio de Eusebio de Cesarea y de S. Jerónimo que usaron de tanta diligencia por conservar la memoria de los escritos apostólicos.—2°. Ni el Papa Victor en la controversia sobre la celebración de la Pascua, ni San Cipriano en la del bautismo de los herejes, usaron de estos cánones; pues si hubieran sido de los Apóstoles no habrían omitido alegarlos.—3°. entre los antiguos han sido puestos en duda; v. g. el Papa Gelasio e Isidoro de Sevilla llaman apócrifos los cánones de los Apóstoles.—4°. muchos de ellos no se acomodan a la época de los Apóstoles, v. g., la distinción de los bienes de la Iglesia de los bienes del Obispo.—5°. se encuentran algunos que son contrarios a la tradición de la Iglesia; pues se oponen a la disciplina apostólica cuando dicen que deben ser excomulgados los que ayunan el sábado, y ofenden la verdad católica tanto acerca del cánon de la Escritura, como acerca del bautismo administrado por los herejes. ([1]).

Su origen: Los Protestantes negaron que en estos cánones se contenga la antigua disciplina. Pero hoy todos los eruditos confiesan que los cánones apostólicos constan, parte de las reglas que enseñaron verbalmente los Apóstoles, parte de las costumbres de las iglesias y parte de los decretos de los Concilios que se celebraron en Oriente en los primeros siglos; en unos se encuentran muchos y pocos en otros; cuya distinta división significa que dicha colección no fué formada por un solo autor, sino en diversas épocas.

Su número y autoridad.—Hay gran diferencia entre la Iglesia latina y la griega; porque la Iglesia Oriental recibió 85 cánones íntegros y los venera como venidos de los Apóstoles; más la latina solo recibió los primeros 50 cánones y los usó en las causas que habían de juzgarse, de tal manera que nada decretaron acerca de su origen.

Estudiemos el origen y autoridad de las Constituciones Apostólicas: los ocho libros de las Constituciones Apostólicas tales como nos han llegado, no fueron entregados por los Apóstoles, ni escritos por S. Clemente Romano; se infiere esto, tanto de que en ellos se leen muchas cosas contrarias a la historia y doctrina de los Apóstoles, como de que los Padres de los primeros siglos nunca hicieron uso de ellos teniendo ocasión propicia. En cuanto al autor y tiempo en que salieron a luz por vez primera, hay diversas opiniones; parece que con más acierto opinan, los que dicen que dichas constituciones fueron publicadas en el III o IV siglo. San Epifanio las recomienda porque no se encuentra en ellas nada contrario a la fe o a la disciplina. De su autoridad diré que como son antiguas, encierran muchas cosas útiles. Aunque en otro tiempo fueron puras porque nada contenían contrario a la doctrina católica, después fueron corrompidas por los herejes; es claro, pues, que ninguna autoridad positiva se debe atribuir a estas Constituciones.

Colecciones Griegas.—1a. La Colección de Calcedonia.—Que la Iglesia Oriental tuvo su Código de Cánones a mediados del siglo V, consta por las actas del Conc. de Calcedonia en las que se hace mención de él. En este Código se contenían, guardando la proporción de

---

[1] Huguenin, Obra citada, Tit. I. Cap. I. nos. 164 y sig.

los tiempos, los cánones generales y particulares, esto es, los de Nicea, Ancyra, Neocesarea, Paflagonia, Antioquía, Loadicea y Constantinopla; a mediados del siglo VI se añadieron a la Colección, los Cánones de los Apóstoles, los de Sárdica, Efeso, Calcedonia y las reglas de S. Basilio.

2a.—Colección de Juan Escolástico.—De todos estos cánones arregló su colección, Juan de sobrenombre **Scholasticus,** presbítero de Antioquía, distribuida por orden de materias; elevado luego al Obispado de Constantinopla, añadió a su colección las leyes civiles especialmente las del Código de Justiniano; de donde vino el primer orígen de los **Nomocánones,** esto es, de las colecciones en que se juntan los cánones eclesiásticos con los imperiales. Esta colección es sospechosa, porque su autor fué émulo del Nestorianismo.

3a.—El Concilio Quini-sexto o Trullano (692 bajo Justiniano II), llamado así del lugar del palacio imperial en que se celebró en Constantinopla, presumió añadir a los cánones dogmáticos del Concilio general V y VI, 102 disciplinares como su complemento y apéndice. La Iglesia aprobó solamente los cánones Trullanos que no se oponían a los Concilios generales y a las costumbres cristianas. Por consiguiente, esta colección en cuanto que es propia del mismo Concilio, no tiene autoridad alguna.

4a.—Colección de Focio.—En el siglo IX, Focio que fué autor del Cisma griego, formó de nuevo las colecciones orientales que llamó **Nomocánon,** que los griegos han tenido en gran estimación. Las colecciones focianas son sospechosas, pues fueron publicadas para favorecer el Cisma. Además de las antiguas colecciones de los Griegos, hay otras menores de que no tratamos por su poco valor histórico. Todos estos monumentos del Derecho eclesiástico oriental, los coleccionó el Card. Pitra por mandato de S. S. el Señor Pio IX.

Colecciones latinas.—Al principio no fueron conocidos más que los Cánones Nicenos; bajo cuyo nombre se comprendían también los Sardicenses, porque el Conc. de Sárdica era considerado como apéndice del Niceno. En breve tiempo con los códigos griegos vertidos al latin, se hicieron colecciones más amplias que se llaman la Hispánica y Prisca. No se sabe si el código latino, que además de los cánones de los Concilios contenía las Constituciones pontificias, fué publicado entonces con la autoridad de la S. Sede. Pero consta que por él no fué necesaria la promulgación de las Decretales y que tuviera valor entre las iglesias; pues estaban suficientemente promulgados los decretos de los Pontífices, porque se comunicaban antes a los Prelados principales de las provincias y de allí a los otros Obispos y así eran conocidos por todos.

Colecciones de la Iglesia Romana.—Es probable que hubiese existido algún Código de cánones y de decretales antes del siglo VI en la Iglesia Romana, tanto porque en el Conc. de Calcedonia citaban un Código los Legados del Papa y otro los Griegos, lo que prueba que cada

Iglesia tenía su código, como porque el Papa Siricio escribió a los Obispos: "**Statuta Sedis Apostolicae, vel canonum definita, nulli sacerdotum ignorare sit liberum**". ([2]) Lo que en vano hubiera mandado el Pontífice, si no hubiera habido un código por el cual pudieran los Sacerdotes tener conocimiento de los Cánones. Para nada aglomeran pues, tantas pruebas Van Espen y otros que sostienen que las Constituciones pontificias no fueron incluidas en las colecciones, para inferir de ahí que antes de Dionisio solamente obtuvieron autoridad los cánones de los Concilios, pero no los Decretos de la S. Apostólica. Pues aunque fuera cierto que nadie coleccionó antes las Decretales, nada mermaría esto su antigua autoridad, porque su vigor nacía, no de los códigos privados, sino de la potestad de los Pontífices y del autógrafo que conservado en el Archivo de la S. Apostólica, se usaba para dirimir las controversias.

Colección de Dionisio.—A principios del siglo VI, Dionisio, Scytha de nación, Romano en sus costumbres, monje de profesión y por sobrenombre el exiguo, **exiguus,** por razón de su estatura o modestia, formó una nueva colección que se divide en dos partes: una comprende los cánones de los Concilios y otra las Decretales de los Pontífices. El Código Dionisiano, aunque publicado por autoridad privada, fué no obstante aceptado por la Iglesia Romana. Aumentado con varios monumentos, Adriano I lo obsequió a Carlo Magno en Roma; por lo cual se llama colección Adriana. Como el S. Pontífice hubiera recomendado la misma colección, obtuvo cierta autoridad apostólica especialmente entre los griegos y luego comenzó a llamarse **codex canonum;** mas hoy se señala como código antiguo de cánones.

Colección de las Iglesias particulares.—Insignes Iglesias tuvieron su código peculiar en el que se contenían tanto los antiguos cánones, como las Decretales de los Pontífices, mas los estatutos particulares: se contaban, 1°. Entre los Africanos, el **Codex Africanus,** el **Breviatio canonum** del diácono Ferrando (547), y **Canonum concordia** del Obispo Cresconio (697). 2°. Entre los Hispanos, el **Capitula** de Martín Obispo de Braga (572), la colección de Isidoro de Sevilla (680) bastante cuidada y que fué hallada no ha mucho. 3°. Entre los Galos, el **Codex canonum;** los **Capitularia** que decretados en los comicios generales de los Obispos y próceres, servían al mismo tiempo para el gobierno de la Iglesia y del Estado; la **Panormia** de Ivo Carnotense (1117). 4°. Entre los Germanos, la **Collectio Reginonis** (906), el **Volumen decretorum** de Burchardi (1025) arreglado en parte con las falsas decretales.

A las Colecciones de leyes, se añaden los Libros rituales y formularios. Entre los primeros sobresale el **Ordo Romanus,** que describe los ritos a que debían sujetarse los Pontífices, Obispos y Sacerdotes. Los

---

2 Epist. Sericii ad Imerium, Episc. Tarraconemsem; cit. por Huguenin en su Obra Exposit. Method. Trat. De Collect. can., n. 161.

formularios se arreglaban para determinar el modo con que debían tratarse por escrito varios asuntos; esta colección de fórmulas para la Iglesia Romana, se llamó **Liber Diurnus.**

Falsas Decretales.—Además de las genuinas leyes de la Iglesia, han circulado falsos monumentos, de la misma manera que ha acontecido con los Evangelios apócrifos, Biblias adulteradas y supuestas Letras apostólicas.

Historia de las Colecciones Pseudo-Isidoras y de las falsas decretales.—Referente a las primeras, son una falsa colección que vulgarmente se dice ser de Isidoro **Mercatoris** o **Peccatoris** y que salió a luz a mediados del siglo IX; fué formada con la colección hispana que solía atribuirse a S. Isidoro de Sevilla; consta de tres partes: la primera contiene 50 decretales fingidas de los Papas desde Clemente I hasta Melquiades; la segunda son los cánones de los Concilios copiados casi fielmente de la colección hispana; la tercera contiene los decretos de los Pontífices desde Silvestre hasta Gregorio Magno, entre las que hay muchas falsas decretales. Burchardo Obispo Wormatiense (996-1025), en cuya época gobernaban los Germanos en Italia, hizo falsas decretales como de derecho público en su colección de cánones y quitó la sospecha de error con su recomendación. En Card. Cusano fué el primero que turbó la posesión tranquila de Isidoro (1450); por lo que los Centuriatos de Magdeburgo se glorian sin razón de haber descubierto antes que nadie la impostura de la colección. Los jurisconsultos católicos investigando detenidamente dicha colección, llegaron a la conclusión con terminantes pruebas, de que son supuestas y por lo tanto nadie debe dudar de su falacia.

Origen de la Colección.—En cuanto a la época de la publicación de este Código, parece que fué entre los años 829 a 847; porque el autor insertó en él muchas sentencias del Conc. de París de 829, y en 846 se comenzó a hacer mención de él. Se sabe que la colección se formó sin el conocimiento de los R. R. Pontífices; pues León IV que fué elevado a la silla de S. Pedro el año 847, escribiendo a los Obispos de Bretaña, no reconoció mas cánones y decretales que los del **Dionysium;** lo que claramente indica que en Roma no eran conocidas, o al menos no se aceptaron las falsas decretales. Fueron poco a poco introduciéndose en algunas regiones de Italia, pero de ningún Papa obtuvieron la aprobación. El autor de la Colección fué un Galo-Germano; pues todos los códigos que existían del siglo IX, fueron escritos en Galia y lo prueban sus caracteres e idiotismos; estas decretales se citan en primer término por los escritores del imperio oriental de los Francos; dicha colección contiene cartas escritas por Bonifacio de Maguncia y de otros a él, que solo se conocían en Germania; la colección hispana que se usó para formarla, no fué la de verdaderos códigos hispanos, sino de los Galos. Luego los mismos paises en que con tanta vehemencia se clamó contra la S. Sede por las falsas decretales, se vindican al autor de la impostura. Se dice que el autor ha sido descubierto no ha mucho en el falsario Benedicto, diácono de Otgario Obispo de Maguncia, condenado en 835 por la rebelión contra Ludovico Pío. ([3])

Autoridad de las falsas decretales y su influencia en la disciplina eclesiástica.—Su autoridad es nula; pues ni los primeros concilios, ni los Papas y escritores antiguos, ni Dionisio diligente coleccionador, hicieron mención de ellas. Allí se ven relaciones modernas que se atribuyen a la época de los antiguos Pontífices v. g., sentencias de la S. Escritura según la versión de San Jerónimo y cánones de concilios que no se habían celebrado; guardan silencio absoluto de las persecuciones, de los consuelos a los Mártires, de las cosas, estado y costumbres de aquellos tiempos. Su palabra ruda y bárbara es completamente ajena al lenguaje de los primitivos siglos; es igual el estilo y la disposición de las palabras en tantas epístolas que se dicen escritas por autores de diversas índoles, edad y costumbres.

Fuentes de esta Colección.—Isidoro no la fingió toda de su propio ingenio; usó para ella de cuatro género de monumentos:—De los **Genuinos**, que son las decretales tomadas del Código hispano; De los **Supositicios** que fingió, como son muchas epístolas de los Papas en especial de los tres primeros siglos; De los **apócrifos**, los que escritos por otros, los incluyó en su colección; De los **Interpolados**, a saber, los que vició con sus aditamentos.

Influencia de las falsas decretales en la Disciplina eclesiástica. Los enemigos de la Iglesia sostienen que habiéndose amplificado la autoridad del R. Pontífice por las fingidas decretales, se introdujo un nuevo derecho, porque destruidos los derechos de los Obispos, se aniquiló la disciplina de la Iglesia; estas aseveraciones son falsas:—1°. por el tenor de la misma colección; las decretales son falsas en lo general por razón de la forma y no de la materia; pues Isidoro nada escribía sin el voto de los antiguos y mucho tomó de las obras de los Padres, de las leyes pontificias y de los cánones de los Concilios.—2° .por la intención del autor: en aquellos tiempos se usaron Letras fingidas, para que las que ya eran recibidas por el uso, se comprobasen por el testimonio de los siglos precedentes. Luego el motivo para divulgar esta colección, no fué otro, que el de reunir en uno solo los antiguos monumentos esparcidos de aquí para allá y restablecidos por ellos las fuentes del derecho y de la historia, se confirmara la disciplina vigente en aquella época.

Todo el que desee formarse un juicio recto de la colección Pseudo-Isidoro, debe fijarse en los acontecimientos del siglo IX; abandonadas como estaban las instituciones del Imperio, todo se regía al capricho; en los juicios eclesiásticos se introducían las rudas costumbres de la época;

---

[3] **Soglia, Praenotiones in jus eccles. Cap. III; cit. por Huguenin lug. anot. antes.**

y fué la idea del autor, como él mismo lo dice y confiesan los adversarios, defender a los Obispos despojados por la iniquidad de los jueces y que ponían trabas a sus quejas. De donde se infiere que las decretales no se fingieron para aumentar la autoridad de la Curia Romana, ya porque no era éste el fin de Isidoro Mercador, ya también porque los derechos del S. Pontífice dados por Cristo, no necesitaban de tàl auxilio. 3°. por la misma aceptación de las fingidas decretales: pues las aceptaron sin sospecha de fraude a la Iglesia, porque como enseñaban la doctrina acostumbrada y la disciplina vigente, nadie cuidaba de averiguar la verdad de los documentos; otra cosa en verdad hubiera acontecido si hubieran expuesto una disciplina nueva y contraria a las costumbres del siglo.—4°. por el asentimiento general de la Iglesia en la doctrina y disciplina que presentaba la colección Pseudo-Isidora. Esta disciplina obtuvo autoridad de ley, no ciertamente en virtud de la colección misma que era falsa y privada, sino en virtud de las leyes precedentes y subsiguientes de la Iglesia por las cuales fué introducida y confirmada esta disciplina. No puede decirse que la disciplina enseñada en falsos documentos haya de reprobarse necesariamente; porque la doctrina y disciplina de Isidoro, fué admitida por muchos años por los Obispos y Universidades católicas como laudable. Y puesto que la Iglesia no puede errar cuando aprueba la doctrina y disciplina general, es evidente que la disciplina que presenta el Código Isidoriano, en cuanto que fué introducida en la práctica general, debe ser admitida como buena y laudable. Por lo tanto, esos males introducidos por las falsas decretales, no son más que ficciones injuriosas de los herejes e impíos detractores de la Santa Sede, contra la Iglesia santa e infalible.

Colecciones del Derecho nuevo.—A mediados del siglo XI, hubo un gran ardimiento por el cultivo de las ciencias, y de ahí provino la formación de muchos códigos con las nuevas leyes, de donde nació el **Corpus Juris Canonici.** Alcanzaron gran renombre en las escuelas de Derecho y en el foro por lo tanto, el Decreto de Graciano, las Colecciones de las Decretales y el Cuerpo de Derecho Canónico de los cuales trataré en seguida.

El Decreto de Graciano y su origen.—Graciano natural de Cusino en la Etruria, monje benedictino, divulgó en Bolonia en 1151 la Concordancia de los cánones discordantes que se llaman **Decretum.** De allí provino que los maestros de Derecho canónico y sus intérpretes, se llamasen **Doctores Decreti.** Esta obra se compone de lugares de la Sagrada Escritura, Cánones de los Apóstoles, Concilios generales y particulares, Constituciones de los R. R. Pontífices, sentencias de los Padres y escritores eclesiásticos, derecho romano, capitulares de Galia, etc., etc.

Su división.—Se divide en tres partes: la primera **De personis,** con 101 distinciones y cada una con muchos cánones; la segunda **De**

judiciis, que abraza 36 cánones que se dividen en cuestiones y éstas en cánones. En la causa 33 hay un tratado de **Poenitentia** distribuido en distinciones; la tercera parte **De rebus sacris**, trata de la consagración y la forman 5 distinciones y cánones. Las disertaciones se sujetan a las cuestiones propuestas en las que se expone la razón de la ley. ([4]) Entre los cánones se lee la palabra **Paleae** que es un aditamento extraño, con que el autor quiso indicar probablemente, que la doctrina del Cánon en que la ponía no tenía valor.

La Obra de Graciano fué recibida con aplauso general, a tal grado, que se leía en las escuelas; en el foro se la consideraba como parte del derecho común. Que con razón fué muy celebrada, tanto porque err la mejor colección, como porque interpretaba las leyes con un método casi escolástico siguiendo el orden de las materias.

La enmienda del Graciano.—Todas las cosas que refiere el Decreto tienen la misma fuerza que si se consideran por separado. Si tomamos tal colección como elucubraciones, deben separarse los monumentos verdaderos de los apócrifos; pues Graciano copió mucho, no de las mismas fuentes, sino aun de falsas colecciones; de ahí es que se tomaron cómo ciertas muchas que no lo eran. Pero los sabios tomaron empeño en descubrir los errores de Graciano y por medio de los Pontífices, los **Correctores romani** enmendaron el Decreto.

Su autoridad.—El Decreto de Graciano, como de origen privado, no tiene ninguna autoridad legal del coleccionador; unos dicen que fué aprobado, porque al darse a luz, fué recibido en las escuelas y en el foro y porque Eugenio III y Gregorio XIII le atribuyeron pública autoridad. Otros, con más veracidad opinan, que aunque el uso del foro y las escuelas recomienda la excelencia del Decreto, no le infunde ésto ninguna autoridad, tanto más que los capítulos falsos de que abunda, no se habían descubierto. Ni consta la aprobación legal del Decreto, pues aunque Eugenio III facultó su lectura y explicación pública, no lo confirmó con su autoridad; Gregorio XIII cuidó de que se exhibiese ya enmendado, pero no lo quiso dar autoridad pontificia. Benedicto XIV escribe: **"Gratiani Decretum, quamtumvis pluries R. Pontificum cura emandatum fuisse non ignoretur, vim ac pondus legis non habet; quinimo inter omnes receptum est, quidquid in ipso continetur, tantum auctoritate habere, quantum ex se habuisset, si nunquam in Gratiani collectione insertum foret"**. El Decreto de Graciano, aunque nadie ignora que muchas veces ha sido corregido bajo la vigilancia de los R. R. Pontífices, no tiene fuerza ni carácter de ley; pues aunque todos lo han aceptado, cuanto en sí contiene, solo tiene de autoridad, cuanta tendría por sí misma como si nunca se hubiera insertado en la colección de Graciano. ([5])

---

[4] Phillips, Du Droit ecclesiastique dans ses sources, Chap. I, et II.
[5] De Synodo Dioec. libro VII, cap. XV.

Colecciones de las Decretales.—Se dividen en tres series: la primera, abraza las Colecciones desde Graciano hasta Gregorio XIII; la segunda, las Decretales de Gregorio IX; y la tercera, el Sexto de las Decretales, las Clementinas y las Extravagantes. Trataré de cada una brevemente.

Colecciones de las Decretales desde Graciano hasta Gregorio IX. Antes de este Papa salieron a luz 5 colecciones de Decretales; fueron éstas:—1a. Bernardo Circa, Prepósito Papiense y después Obispo de Faenza, publicó en 1199 un **Breviarium Extravagantium** de decretos que vagaban fuera del de Graciano; en esa colección que se dice la primera, se contienen además de los decretos que habían escapaao a la diligencia de Graciano, las Constituciones de los Pontífices publicadas después de Graciano hasta Celestino III y los cánones del Conc. Lateranense II. En su Obra citada, dice Phillips que esta colección dividida en cinco libros, fué el modelo por las que se arreglaron las demás.—2a. A Bernardo lo siguieron Gilberto y Alano; pero sus colecciones desaparecieron en breve tiempo. De éstas hizo otra nueva Juan de Gales en 1202; se llama la segunda colección.—3a. El mismo Inocencio III mandó a Pedro de Benevento que coleccionase sus Constituciones; ésta que fué la primera que se publicó con autoridad pontificia, es la tercera de las que se conocían en Bolonia.—4a. A esta tercera, siguió la cuarta colección de autor ignorado.—5a. Honorio III promulgó la colección de sus Decretales que se llama la **Quinta de las Decretales.** Las dos primeras colecciones no tuvieron autoridad pública; la tercera y quinta, los Papas sus autores les dieron fuerza de ley.

Decretales de Gregorio IX.—Este Papa el año de 1230 formó su colección de las antiguas, aumentándola con sus Constituciones, trabajo que se debe a S. Raymundo de Peñafort del Orden de Predicadores; imitó a Justiniano, pues de varios formó un Código, y de las Decretales quitó las inútiles. Se llama Decretales, porque esta colección abraza principalmente las epístolas decretales de los Pontífices. La Colección Gregoriana se divide en cinco libros: el primero trata de los jueces; el segundo de los juicios, y los otros tres, de la materia de los juicios, a saber, el tercero de las cosas que pertenecen al clero; el cuarto del matrimonio y el quinto de los crímines y penas.

Qué movió a Gregorio IX a emprender este trabajo, él mismo lo declara en su Constitución **"Rex Pacificus"** del 5 de Septiembre de 1234 con la que promulgó la nueva Colección, con estas palabras: **"Sane diversas Constitutiones et Decretales epistolas praedecessorum nostrorum, in diversa dispersas volumina, quarum aliquae propter contrarietatem, nonunllae etiam propter sui prolixitatem, confusionem inducere videbantur; aliquae vero vagabantur extra volumina supra dicta, quae tanquam incertae frequenter in judiciis vacillabant, ad communem, et maxime studentium, utilitatem per dilectum filium, fraterm Raymundum, Capellanum et Poenitentiarium nostrum, illas in unum**

volumen resecatis superfluis providimus redigendas, adjicientes Constitutiones nostras et Decretales epistolas, per quas nonnulla, quae in prioribus erant dubia, declarantur. Volentes igitur, ut hanc tantum compilatione universi utantur in judiciis et in scholis, districtius prohibemus, ne quis praesumat aliam facere absque auctoritate Sedis Apostolicae speciali". Que vertido al castellano dice: Puesto que las diversas Constituciones y epístolas decretales de Nuestros predecesores, dispersas en diversos volúmenes, de las que algunas por su demasiada semejanza, otras por las contradicciones y no pocas por su prolijidad, parecían inducir a confusión; pues algunas vagaban fuera de los volúmenes mencionados que con frecuencia se consideraban como inciertas en los juicios, hemos dispuesto que por medio de nuestro amado hijo el hermano Raimundo, Nuestro Capellán y Penitenciario, sean reducidas para utilidad común y en especial para su estudio en un solo volúmen, desechando las supérfluas, añadiendo nuestras Constituciones y Epístolas Decretales, por las cuales quedan aclaradas algunas que eran dudosas en las anteriores. Queriendo pues, que todos usen solamente esta compilación en los juicios y en las escuelas, prohibimos terminantemente que nadie se atreva a formar otra, sin la autoridad especial de la Sede Apostólica. El mismo Gregorio IX llamó su Colección **Compillatio**; pero este título se cambió con el transcurso del tiempo con el de **Decretales,** para distinguirlo de las Compilaciones antiguas. ([6])

El Sexto de las Decretales, Clementinas y Extravagantes.—1°. Bonifacio VIII en 1298 con el auxilio de tres Cardenales reunió en un volúmen las nuevas decretales y los cánones de los Concilios generales Lugdunenses. Este código se llama **Sextus Decretalium** como apéndice y complemento de las colecciones Gregorianas y consta de otros tantos libros, guardando la serie de títulos y materias. Le dió el mismo Papa autoridad legal.—2°. Clemente V formó otra colección que consta de los cánones del Conc. de Viena que presidió, y de sus cartas, distribuida en el mismo orden, la que no publicó por haberle sorprendido la muerte; pero Juan XXII su inmediato sucesor, dándole autoridad, las remitió a Bolonia y a París en 1317. De su autor tomaron el nombre de **Clementinas.**—3°. Con el nombre de **Extravagantes** se designan otras decretales porque primeramente estaban fuera del cuerpo del derecho; es doble la colección; la primera que abraza un solo libro, comprende las Extravagantes de Juan XXII; la otra distribuida en cinco libros, contiene las **Extravagantes comunes** de muchos Pontífices desde Urbano IV hasta Sixto IV. Ambas publicadas a fines del siglo XV, tienen autor incógnito y no se sabe con qué autoridad se insertaron en el cuerpo de derecho.

El **Corpus Juris Canonici.**—Este libro comprende tres volúmenes: el primero es el decreto de Graciano a cuyo calce se han añadido los

---

[6] Card. Gasparri, Praehatio N. Codicis Jur. Can.

cánones penitenciales y los de los Apóstoles; en el segundo se contienen las decretales de Gregorio IX; el tercero abraza el **Sexto,** las **Clementinas** y las **Extravagantes.** En varias ediciones se añaden el Libro VII de las Decretales de Mateo Lugdunense y las Instituciones de Lancelotti que son un compendio de derecho canónico. Su autoridad puede definirse de este modo: Las cosas que se encuentran en el decreto, valen tanto cuanto valdrían si no las hubise coleccionado Graciano. Las **Extravagantes,** aunque no consta que la misma colección haya sido promulgada por los S. S. Pontífices, cada una es ley auténtica. Las otras tres colecciones, a saber, las **Decretales** de Gregorio IX, el **Sexto** de las Decretales y las **Clementinas** como fueron dadas por pública autoridad, la conservan en lo que no derogan el Conc. de Trento, o las nuevas Constituciones de los Pontífices, o los Concordatos o las legítimas costumbres.

Además de los Cánones, ocurren en el Cuerpo de Derecho, las **Rúbricas, Sumarios** y **Glosas;** las Rúbricas son las inscripciones de los títulos, tomando su nombre de las letras rojas con que escribían en otro tiempo; deben distinguirse las Rúbricas del Decreto y de las Decretales; las puestas antes del título del Decreto, no tienen autoridad porque fueron puestas por autoridad privada; las de las Decretales se alegan útilmente pues las confirmó el legislador. Los Sumarios son unas frases breves en que se resumen los cánones y se expone su sentido bajo un solo aspecto. Estos Sumarios meramente doctrinales, están destituidos de autoridad legal porque fueron añadidos por escritores privados; sin embargo, se tienen en gran estimación y aprovechan mucho para interpretar los cánones. La Glosa es una explicación más copiosa de las leyes colocada en el Cuerpo de Derecho al margen del texto. Las Glosas no hacen derecho, pero se estiman como interpretaciones privadas.

Colecciones del Derecho Novísimo.—Para proceder con orden, trataré de las partes de que consta y luego de sus Colecciones.

Llámase Derecho Novísimo a todas las leyes eclesiásticas que fueron decretadas por la legítima potestad después de las colecciones enumeradas. Sus partes principales son los Decretos del Conc. de Trento y las Bulas mas modernas de los Pontífices. Ambas tienen sus complementos.

1°.—El Concilio de Trento (1545-1563) consta de XXV Sesiones. No solo definió el Dogma con los Cánones, sino que restauró la disciplina de la Iglesia. Estos Decretos deben tenerse como derecho común y novísimo, en todo lo que no se oponga el N. Código de Leyes recientemente promulgado. A sus leyes se añadían las declaraciones de la Congregación encargada de la interpretación del Concilio, y gozaban de autoridad porque sus decisiones eran emitidas en nombre del R. Pontífice.—2°.—Las Bulas y Constituciones de los R. P. Pontífices forman parte del Derecho canónico. A las Bulas se agregan las reglas de la

Cancillería; se llaman así, ciertas reglas o leyes en número de 72 con que se despachaban los asuntos de la Cancillería Apostólica. Difieren de las demás Constituciones en que muerto el Papa, perdían su valor hasta la confirmación del Sucesor.

Colecciones novísima.—Se distinguen: el Séptimo de las Decretales, los Bularios y las Colecciones de los Concilios.

I.—Séptimo de las Decretales.—Gregorio XIII fué el primero que pensó reunir las decretales de los Pontífices desde Sixto IV y los cánones de los Concilios desde el de Viena. Muerto él, Sixto V cuidó de perfeccionar la obra de su predecesor; y al fin, por orden de Clemente VIII concluyóse y se imprimió con el título de **Liber Septimus Decretalium.** Pero prohibida la publicación de comentarios privados sobre los Decretos del Sto. Concilio de Trento insertados en el libro, suprimióse esta colección tan laboriosamente formada. Como se evitó su publicidad, no tiene valor legal. En igual época (1590) Pedro Mateo abogado lugdunense, publicó el Séptimo de las Decretales arreglado por su esfuerzo privado; esta obra se agregó a algunas ediciones del Cuerpo del Derecho, pero carece de autoridad y adolece de muchos defectos.

II.—Los Bularios:—Laertius Cherubinus, Romano, bajo Sixto V, fué el primero que reunió en un volúmen las Constituciones de los Pontífices que vagaban fuera del cuerpo del derecho desde S. León Magno y que llamó **Bullarium**; su hijo Angel María concluyendo la obra de su padre, añadió otras Constituciones hasta Inocencio X y publicó en 1638 su **Magnum Bullarium** que consta de cuatro volúmenes. Añadieron un quinto volúmen Angelo de Latusca y Paolo de Roma que contenía otras Constituciones hasta Clemente X. Pero el más amplio de todos, es el **Bullarium Magnum** editado en Roma por Jerónimo Mainardi, distribuido en 14 volúmenes; en él se contienen las Constituciones de los Papas desde Leon Magno hasta Clemente XII. También se publicaron por mandato de Benedicto XIV sus Constituciones en cuatro tomos; después se editó el **Magni Bullarii continuatio,** que abraza las Constituciones de Clemente XIII, Pio VI, Pio VII, Pio VIII, Leon XII y Gregorio XVI; estos bularios exceptuando el de Benedicto XIV, son obras privadas.

III.—Las Colecciones de los Concilios, unas son generales y otras particulares; para reunir los cánones de todos los Concilios, pusieron todo su esfuerzo muchos varones doctos, v. g., publicaron una colección amplísima de los Concilios en el siglo XVI, Merlin, Crabbe, Surio; en el siglo XVII, Labbe, Cossart, Baluze; en el siglo XVIII, Coletus y Mansi. Estas colecciones como obras privadas, carecen de autoridad pública y solo tienen importancia histórica. ([7])

[7] Para la formación del anterior Artículo, he tenido a la vista las Obras del Emmo. Card. Gasparri, Capello, Maroto, Huguenin, Ayrinhac y Wernz, en sus Tratados de Derecho canónico en que hablan de las Fuentes de la legislación eclesiástica.

ARTICULO XIV

DEL NUEVO CODIGO DE DERECHO CANONICO PROMULGADO POR S. S. BENEDICTO XV.

El 27 de Mayo de 1917 fiesta de Pentecostés, quedó grabado en los fastos de la Historia de la Iglesia Católica y del Derecho Eclesiástico, como día de grata recordación para el Orbe entero. En esa memorable fecha, S. S. Benedicto XV, por su Constitución **"Providentissima Mater Ecclesia"**, promulgó el Nuevo Código de Derecho canónico decretando que el 19 de Mayo fiesta de Pentecostés del año 1918, comenzara a tener fuerza de Ley para toda la Iglesia. Desde entonces contamos con un Cuerpo completo de Leyes canónicas que debe servirnos de regla de obrar en la fe y disciplina, para alcanzar el último fin, único móvil de la Iglesia N. Madre en todas sus sapientísimas disposiciones.

No siendo mi ánimo hacer un Comentario, porque además de que sería difuso por las varias reformas que ha introducido el N. Código en la legislación, no me considero competente para un trabajo que en estos momentos está ocupando la atención de sabios varones que han honrado la jurisprudencia canónica con sus luminosos estudios, me limitaré exclusivamente a delinear la parte mecánica del texto, que, justo es confesarlo, ha sido dispuesto con sencillez admirable por la facilidad en su registro y citación, y exento de onerosas complicaciones perjudiciales al estudio de la ciencia jurídico-eclesiástica.

Breve Historia del Nuevo. Código.—Nada mejor que comenzar con las palabras del Prefacio que aparece al principio del mismo, para dar una idea de la necesidad que la Iglesia tenía de una nueva legislación acomodada a los actuales tiempos. **"Id fuit constans Catholicae Ecclesiae propositum, ex quo potissimum tempore imperii romani leges sunt in Corpus juris redactae, ut sacri item canones in unum colligerentur, sicque eorum scientia et usus et observantia facilior unicuique fieret. Quamobrem nihil mirum si ecclesiasticarum legum syllogae satis multae decursu temporis confectae editequae sint".** Siempre fué propósito constante de la Iglesia Católica principalmente desde la época del imperio romano en las que sus leyes fueron redactadas en el Cuerpo de derecho, que los sagrados cánones se reunieran también en un solo volúmen, para que su conocimiento uso y observancia fuese a todos mas factible. Por cuya razón, no es de extrañarse que en el transcurso de los tiempos, se hubieran dispuesto y publicado tantas colecciones de las leyes eclesiásticas.

En efecto, se hacía sentir la necesidad de una legislación más acomodada a esta era de progreso intelectual y material que facilitara a todos los católicos el conocimiento de sus deberes y de sus derechos religiosos y con especialidad a los Ministros de la Iglesia que son los llamados a la difusión de la verdad con su ciencia y su virtud.

El Nuevo Código de Leyes canónicas dá principio con un luminoso Prefacio del Emo. Card. Gasparri, que no es otra cosa que una Historia de las fuentes del Derecho canónico, porque enumera todos los Códigos antiguos, nuevos y novísimos de la Iglesia y de los escritores privados, comenzando con el **Corpus Juris Canonici,** el Código de Graciano, las colecciones posteriores y el Conc. de Trento que forman las bases o fuentes del estudio de la jurisprudencia eclesiástica. Desde luego se comprende que su autor es varón de vastísimos conocimientos en la Ciencia jurídica y escritor de notable erudición y saber.

Sigue después la Constitución **"Providentissima Mater Ecclesia"** por la que S. S. Benedicto XV promulgó el N. Código; el **Motu proprio** del mismo, en el que nombra una Comisión de Cardenales para que con carácter permanente interprete las leyes en los casos de consulta, y la Profesión de fe católica que deben hacer los que obtienen dignidades, beneficios, oficios, maestros de ciencias eclesiásticas, etc., etc.

La idea de la formación del N. Código fué de S. S. Pio X; como la muerte lo sorprendió, su digno Sucesor Benedicto XV coadyuvó a su feliz conclusión y al promulgarlo le confirió toda su autoridad. Procederé a su análisis.

De cuantos Libros se compone el Nuevo Código.—Consta de cinco libros cuyos títulos son: Liber primus, Normae generales.—Liber secundus, De Personis.—Liber tertius, De Rebus.—Liber quartus, De Processibus.—Liber quintus, De Delictis et Poenis.—Contiene al final ocho Constituciones de las que dos son de Pio X; 1 de León XIII; 2 de Benedicto XIV; las restantes son de Paulo III, de Pío V y de Gregorio XIII.—La primera Const. de Pío X, contiene las reglas que deben observarse en la Elección del Sumo Pontífice; el actual Pontífice S. S. Pio XI lo reformó en algunos puntos, el año 1923. El Indice Analítico-Alfabético que corona la Obra, es digno de mención pues es un trabajo acabado al par que ingenioso y circunstanciado que facilita el pronto hallazgo de un cánon cualquiera. Es debido al Emo. Card. Gasparri actual Secretario de Estado de S. S. Pío XI.

División de los Libros en Títulos, Capítulos, Artículos y Cánones.—El Libro Primero contiene 6 Títulos y 86 Cánones; el Segundo contiene 19 Títulos divididos en 39 Capítulos, 11 Artículos y 639 Cánones; el Tercero contiene 30 Títulos divididos en 55 Capítulos, 15 Artículos y 826 Cánones; el Cuarto contiene 33 Títulos divididos en 57 Capítulos, 28 Artículos y 643 Cánones; el Quinto contiene 19 Títulos divididos en 6 Capítulos, 3 Artículos y 220 Cánones, que suman un total de 2414 Cánones.

Subdivisiones:—El Libro Primero solo contiene Las Normas Generales; El Segundo contiene tres partes: 1a. De Clericis; 2a. De Religiosis; 3a. De Laicis.—El Tercero contiene seis partes: 1a. De Sacramentis; 2a. De locis et temporibus sacris; 3a. De cultu divino; 4a. De Magisterio eclesiástico; 5a. De Beneficiis aliisque institutis ecclesiasticis non collegialibus; y 6a. De Bonis temporalibus Ecclesiae.—El Cuarto contiene tres partes: 1a. De judiciis; 2a. De Causis Beatificationis Servorum Dei et Canonizationis Beatorum; y la 3a. De modo procedendi in nonnullis expediendis negotiis vel sanctionibus poenalibus applicandis.—El Libro quinto contiene tres partes: 1a. De Delictis; 2a. De Poenis; y 3a. De Poenis in singula delicta.

Por estas Divisiones y Subdivisiones, se echará de ver la gran importancia del Nuevo Código de Leyes eclesiásticas, pues comprende todas las materias que abarca el vastísimo campo del Derecho Canónico cuyo estudio y cultivo es tan necesario e importante en la presente era de indiferentismo religioso e incredulidad.

CONCLUSION.—Con el auxilio divino he dado cima a esta humilde Disertación que ha versado acerca de "El Poder Legislativo de la Iglesia Católica"; para formarla he pulsado muchas dificultades a causa de mi insuficiencia, aunque sí me cabe la satisfacción de haber sido tenaz y constante hasta terminarla; por lo cual, tengo el honor de ofrecerla al Honorable Cuerpo Facultativo de Derecho Canónico y a toda esta preclara Universidad Católica de América, deseando sea útil a quien sobre ella ponga la vista, e irradie en su corazón un profundo amor y respecto hacia la Santa Iglesia de Jesucristo, ya que con sus sapientísimas leyes conduce a las almas a una imperecedera felicidad. Así sea.

A. M. D. G.

FIN

BIOGRAFIA

José Servelión Correa nació el 16 de Febrero de 1867 en Valladolid, Yucatán, Méx. Recibió su primera educación en la C. del Carmen, Campeche; en 1877 ingresó al Seminario Tridentino de Mérida en donde cursó las Ciencias Sagradas y Profanas; recibió el Presbiterado de manos del Iltmo. Sr. Carrillo y Ancona el 10 de Agosto de 1890. Cuando este Prelado restauró la Universidad Pontificia de Yucatán con la autorización de S. S. León XIII, recibió los Grados académicos de Bachiller y Licenciado en Sgrda. Teología y Derecho Canónico en 1890 y 1893.

Con la licencia y Bendición de su Prelado el Iltmo. y Revmo. Sr. Dr. D. Martín Tritschler y Córdova, ingresó a esta Universidad Católica de América, Washington, D. C. el 25 de Septiembre de 1924 para terminar sus estudios de Derecho Canónico bajo la dirección de Mons. Dr. Felipe Bernardini, Rev. Dr. Valentín Teodoro Schaaf, Rev. Dr. Humberto Luis Motry, Rev. Dr. Francisco Lardone y Dr. D. Manuel de Oliveira Lima, a quienes se complace en tributar en este documento las más expresivas gracias como una débil manifestación de su sincera y profunda gratitud; las que hace extensivas al Rvmo. Rector de la Universidad Dr. D. Tomás J. Shahan y al Rev. Dr. Eduardo A. Gilgan S. S. Director espiritual de la Escuela de Ciencias Sagradas.

BIBLIOGRAFIA

FUENTES

Acta et Decreta Concilii Tridentini, Romae 1893.

Acta et Decreta Concilii Plenarii Americae latinae in Urbe celebrati 1899. Editio Romae 1900.

Acta et Decreta Concilii Antequerensis I, Oaxacae (Mexico) celebrati. Roma, anno 1894.

Codex Juris Canonici Pii X Pontificis Maximi jussu digestus, Benedicti Papae XV auctoritate promulgatus, Romae 1917.

Encyclicae variae S. S. Leonis XIII et specialiter "Immortale Dei", 1 Nov. anni Dom. 1885.

AUTORES

AYRINHAC, *General Legislation in the New Code of Can. Law.* Edit. New York 1923.

BIANCHI DE LUCCA, *Della Potesta e della Polizia della Chiesa.* 3 vol. Torino 1857.

BENEDICTI XIV, *De Synodo Dioecesana,* Prati 1844.

BOUX, *Tractatus de Judiciis ecclesiasticis.* Parisiis. Edit. tertia. 1883.

BOUIX, *Institutiones Juris Canonici in varios tractatus divisae.* De leg. Ecclesiae. Parisiis 1883. Tertia edit.

BUCCERONI, *Institutiones Theologiae Moralis.* Tom. 1°. Editio Romae 1905.

CALVO Y MADROÑO. *Justiniani Imperatoris Institutionum liber quartus.* Editio secunda. Matriti 1903.

CAPELLO, *Institutiones Juris Publici ecclesiast.* Taurini 1913.

CAVAGNIS CARD., *Institut. Juris Publici Ecclesiast.* Romae 1889.

CRAISSON, *Manuale totius Juris canonici.* Editio Parisiis 1899.

DEVOTI, *Institutionum Canonicarum Liber IV.* Editio hispana. Matriti 1885.

DEVOTI, *Jus Canonicum universale.* Edit. Parisiis 1860. (Traducida al castellano por Ignacio López de Ayala.

DONOSO, *Instituciones del Derecho canónico americano.* París 1858.

DEVIVER, *Curso de Apologética Cristiana,* 2 vol. Exposic. razonada de la Religión Cristiana. Barcelona 1909.

Diccionario de Derecho Canónico edit. por ROSA y BOURET, 1 vol. París 1854.

DRIOUX, *Histoire de la Eglise.* Edit. francaise, Paris 1882.

FERRERES, *Compend. Theolog. Moralis ad normam novissim. Codicts.* Vol. 1. Edit. undecima. Barcinone 1921.

HERNANDEZ, *Colección de Bulas,* Breves y otros docm. relat. a la Iglesia de América, Bruselas 1879.

H. HEINEKE, *Recit. de Der. civ. según el ord. de la Instit.* 1 vol. terc. edic. París 1875.

HUGUENIN, *Expositio Methodica Juris Can.* Parisiis 1887.

LEHMKUHL, *Theol. Moralis.* Edit. tertia. Friburgi Brisgoviae 1886.

LIGORIO S. *Alf. Theolog. Moralis.* Torino 1887.

MAROTO, *Institution, Juris Can.* Romae 1921.

PALMIERI, *Tractatus De Rom. Pontif.* Prati 1891.

PERRONE, *Praelectiones Theologicae,* Matriti 1870.

POSTEL, *Historia de la Iglesia, desde N. S. J. hasta Pio IX.* Barcelona 1875.

SANGUINETI, *Juris ecclesiast. Institut.* Tert. Edit. Romae 1896.

SANCTI THOMAE AQUIN, *Summa Theol.* Edit Romana 1894.

SUAREZ, *Theol. Mor.* Editio Parisiis 1860.

TANQUEREY, *Synopsis Theol. Dogmat. ad mentem S. Thomae Aquin.* Edit. Sept. Vol. III, Romae 1920.

The Catholic Encyclopedia, Vol. XIV.

WERNZ, *Jus Decretalium,* Romae 1913.

UNIVERSITAS CATHOLICA AMERICAE
WASHINGTONII, D. C.
FACULTAS JURIS CANONICI
1924 - 1925
No. 25

DEUS LUX MEA

THESES

QUAS

AD DOCTORATUS GRADUM

IN

JURE CANONICO

APUD UNIVERSITATEM CATHOLICAM AMERICAE

CONSEQUENDUM

PUBLICE PROPUGNABIT

JOSEPHUS S. CORREA

SACERDOS ARCHIDIOCESIS YUCATANENSIS, MEX.

JURIS CANONICI LICENTIATUS

HORA VIII A. M. DIE XVIII MAII A. D. MCMXXV

I. Canones 1552-1553. De judiciis et de objecto judicii.
II. Canones 1569-1571. De variis tribunalium gradibus et speciebus.
III. Canones 1598-1602. De Ordinariis Apostolicae Sedis tribunalibus.
IV. Canones 1636-1638. De loco et tempore judicii.
V. Canones 1960-1962. De foro competenti in causis matrimonialibus.
VI. Canones 2195-2198. De natura et divisione delicti.
VII. Canon 2199. De quo pendet imputabilitas delicti.
VIII. Canon 2200. Quid est dolus.
IX. Canon 2201. Quinam sunt incapaces delicti.
X. Canones 2215-2217. Quid est poena et qualis est divisio poenarum.
XI. Canones 2241-2245. Quid est censura et quomodo dividatur.
XII. Canones 2255, 2257, 2268, 2278. De poenis medicinalibus et de censuris in specie.
XIII. Canones 2286-2290. De poenis vindicativis.
XIV. Canones 118-123. De juribus et de privilegiis clericorum.
XV. Canon 142. De negotiatione clericis prohibita.
XVI. Canones 196-210. De potestate ordinaria et delegata.
XVII. Canones 423-428. De Consultoribus Dioecesanis.
XVIII. Canones 522-523. De quibusdam confessariis religiosarum.
XIX. Canones 750, 751. De Baptismo infantium acatholicorum.
XX. Canones 755, 761. De ritibus et caeremoniis Baptismi.
XXI. Canon 806. De binatione.
XXII. Canones 1188-1196. De Oratoriis.
XXIII. Canon 884. De absolutione complicis.
XXIV. Canones 1043-1046. De quibusdam dispensationibus matrimonialibus.
XXV. Canones 1274-1275. De Cultu SS. Eucharistiae.
XXVI. Canones 1250-1254. De abstinentia et jejunio.

Jus publicum

XXVII. Canoes 1-7. De ambitu juris canonici.
XXVIII. Canones 8-9. De promulgatione leguum ecclesiasticarum.
XXIX. Canones 80-86. De dispensationibus.
XXX. Canon 329. De divina institutione Episcoporum.
XXXI. Canones 1385-1394. De praevia censura librorum.
XXXII. Definitio et divisio legis ecclesiasticae.
XXXIII. De Potestate legifera Ecclesiae.
XXXIV. De Potestate judiciaria Ecclesiae.
XXXV. De Potestate coercitiva Ecclesiae.
XXXVI. Canones 25-30. De consuetudine.
XXXVII. De Collectionibus canonum Ecclesiae.
XXXVIII. De Novo Codice ecclesiastico a Benedicto XV promulgato.

Derecho Romano.

XXXIX. Qué es Derecho Romano.
XL. Epocas del Derecho Romano.
XLI. Cómo comenzó este Derecho y su relación con el Derecho canónico.
XLII. Colecciones principales de las leyes del Derecho Romano.
XLIII. Cómo dividió Justiniano el Derecho Romano.
XLIV. Cómo se dividen las personas y explicación de esta división.
XLV. De los Ingenuos, de los Libertos y de sus derechos.
XLVI. En qué consiste la Manumisión y quiénes no pueden manumitir.
XLVII. Quiénes son *sui juris* y quiénes *alieni juris*.
XLVIII. Qué se entiende por *Capitis-Diminutio*.
XLIX. La Patria Potestad.
L. Tutela y Curatela.

Derecho Internacional.

LI. Qué es Derecho Internacional.
LII. Diferencia entre el Derecho Civil y el Derecho Internacional y entre el Derecho Individual y el Derecho de las Naciones.
LIII. Objeto principal de los Tratados y nombres de otros Convenios Internacionales.
LIV. Qué son Concordatos y qué personas intervienen en ellos.
LV. Doctrina de Drago.
LVI. Declaración de París.
LVII. Definición de Protectorados, Esferas de Influencia y Mandatos.
LVIII. Intervención y sus efectos.
LIX. Qué es extradición y sus efectos.
LX. Diplomáticos y Cónsules.

Vidit Sacra Facultas:

PHILIPPUS BERNARDINI, S.T.D., J.U.D., Decanus.

De Potestate coercitiva Ecclesiae.

H. LUDOVICUS MOTRY, S.T.D. J.C.D., p. t. a Secretis.

Vidit Rector Universitatis:

THOMAS J. SHAHAN, S.T.D., J.U.L., L.L.D.

www.ingramcontent.com/pod-product-compliance
Lightning Source LLC
LaVergne TN
LVHW050206080826
844660LV00012B/364

* 9 7 8 0 8 1 3 2 2 2 1 5 8 *